**끝까지
그가 이겼다고
믿게 하라**

**상대의 감정을 흔드는
협상 고수의 심리술**

끝까지
그가 이겼다고
믿게 하라

김의성 지음

테라코타

이 책은 '협상은 상대를 이기는 것이 아니다. 협상을 위해 세운 목표를 달성하는 것이다'라는 협상의 가장 기본적인 의미를 다시 한 번 되뇌게 하는 기회를 선사해 준다. 탄탄한 이론과 풍부한 사례가 담겨 있는 책이라 어떤 상황에서도 활용할 수 있는 실용적인 지침서가 되어 줄 것이다.

강상욱 쿠팡 전무

마케터에게 협상은 넷플릭스 드라마 〈오징어게임〉에 비유할 수 있다. 상대방과의 중요한 협상을 성사시키지 못하면 나뿐 아니라 상대방 모두 패자가 되기 때문이다. 협상은 나의 목표도 있지만 상대방의 기대치가 한 축의 지렛대로 작용한다. 서로 윈-윈(WIN-WIN) 할 수 있는 접점을 찾아 성공적인 협상을 끌어내는 기술에 관해서 이 책은 그 방법과 지혜를 선사한다.

구동회 올댓스포츠 창업자 겸 대표이사(체육학 박사)

30여 년 영업현장에서 수없이 많은 협상을 해 왔다. 좀 더 일찍 이 책을 만났더라면 훨씬 많은 윈-윈 협상을 만들어 냈을 거라 확신한다. 협상이란 서로가 중요하다고 생각하는 것이 다를 수 있고, 각자에게 중요한 것을 교환하는 상황을 만드는 과정임을 깨닫게 해 준 고마운 책이다. 최고의 영업 고수가 되기 위한 필독서다.

류양권 한국이콜랩 대표이사(다국적기업 최고경영자협회장)

회사를 운영하며 협상할 때는 언제나 긴장한다. 우리가 손해 보면 안 된다는 생각과, 필요한 것을 반드시 얻어야 한다는 생각이 충돌하기 때문이다. 이 책은 협상과 설득의 기술에 대한 깊은 통찰을 제공하며, 상대방의 니즈를 이해하고 협상과 설득의 원칙을 결합했을 때 서로가 이기는 전략을 세울 수 있는 지혜를 알려 준다.

문성욱 블라인드 창업자 겸 대표

일반인들은 설득, 흥정, 협상을 혼동한다. 상대로부터 많은 것을 얻어 내고 이기는 것이 잘하는 협상이라 여긴다. 그러나 한쪽이 패배했다고 느끼는 협상은 상호신뢰를 깬다. 협상을 조금 배운 사람들은 윈-윈 개념을 이해한다. 세계적인 협상 프로그램을 한국에 들여와 수많은 사람을 가르친 저자는 여기서 한 단계 더 나아간다. 협상은 상호이익을 교환하는 것인데, 서로에게 중요성이 다른 것을 교환함으로써 상호이익을 극대화할 수 있음을 밝힌다. 이를 위해서는 상대가 느끼는 가치는 크지만 내게는 덜 중요한 것이 무엇인지 발견하는 것이 핵심이다. 이 책은 내게 덜 중요한 것을 양보하고 중요한 것을 받아 내는 원리와 실전 기법들을 쉽고 흥미롭게 제시한다. 내가 이기는 것이 아니라 상대가 이겼다고 여기게 하는 협상은 상호 관계에 신뢰를 만들고 지속하게 해 준다. 협상은 비즈니스 현장에서만 국한되지 않는다. 삶의 모든 영역에서 심지어 가족들과도 협상이 이루어진다. 일에서뿐 아니라 삶에서도 이 협상의 본질과 기법을 습득하여 서로의 가치를 극대화하기를 바란다.

신수정 KT부문장《거인의 리더십》《일의 격》저자)

40여 년 패키징 업계에서 수많은 협상의 자리를 경험했고, 개인의 삶에서도 끊임없이 제기된 화두인 '윈-윈'이 실제 가능한 것인가에 대해 이 책의 저자는 확신에 찬 답을 주고 있다. 영업현장뿐만이 아니라 우리의 삶 전체에 녹아든 개념으로 독자들에게 전해지기를 기대한다.

서범원 동원시스템즈 대표이사

이 책은 김의성 저자의 지혜와 경험으로 가득하다. 협상을 흥정이라 생각하는 편견을 깨뜨리고, 협상이라는 예술에 대한 묵직한 통찰력을 제공한다. 협상이라는 열쇠로 더 나은 비즈니스를 만들어 가고자 하는 모든 이에게 손때 묻을 정도로 읽히기를 소망한다.

이대승 포트래이 창업자 겸 대표(안과전문의, 서울대 의학석사, 한양대 IAB 자문교수)

협상은 심리전이다. 상대가 덜 내주고 더 받았다고 생각하게 만들어야 하기 때문이다. 내가 하는 양보를 크게 강조한다면 상대는 자신이 이겼다고 믿을 것이다. 이 책은 상대의 감정을 흔들면서 내가 원하는 것을 얻어 내는 탁월한 전략을 알려 준다.

조익서 오티스 엘리베이터 코리아 대표이사

이 책의 저자에 의하면 승자와 패자가 있는 거래는 다 같이 실패한 협상이다. 협상 이전보다 이후의 가치가 더 높아 모두 원-원하는 것이 성공적인 거래다. 우리의 삶은 처음부터 끝까지 협상의 연속이다. 이 책은 성공하는 협상을 위한 지침서다. 곁에 두고 매뉴얼처럼 사용해야 할 것이다.

형원준 에스앤아이코퍼레이션 대표이사(전 두산그룹 CDO, SAP코리아 대표)

협상은 사람이 하는 일이라 '감정'이 중요하다.
자신의 감정에 집중하면 협상에 방해되지만,
상대의 감정에 집중하면 협상에 도움이 된다.

스튜어트 다이아몬드

협상의 목적은 상대를 이기는 것이 아니다

협상 교육을 처음 접한 건 2006년 알토대학원(전(前) 헬싱키 경제 대학원)의 EMBA 과정에서였다. 영업 직무를 맡고 있다 보니 수많은 협상을 실전으로 경험했지만, 이론으로 배운 적은 없던 나에게 협상의 이론과 실습은 충격 그 자체였다. 바트나(BATNA, Best Alternative To a Negotiated Agreement), 조인트게인(Joint Gain), 니블링(Nibbling), 하이볼(High Ball), 로우볼(Low Ball), 앵커링효과(Anchoring Effect) 등의 용어와 이론을 배웠고, 영업 업무를 담당했던 시절에 상대방이 협상 기술을 내게 사용했다는 점도 알게 되었다. 이론과 경험이 합쳐지면 강력한 힘을 가질 수 있다는 점을 깨닫고 이론을 더 깊이 파고들기 시작했다. 로저 피셔 (Roger Fisher), 허브 코헨,(Herb Cohen), 스튜어트 다이아몬드(Stuart Diamond)의 책을 보며 연구하던 나의 협상 여정의 1단계였다.

직장 내에서 후배나 동료들 대상으로 내가 배운 것을 나누다가 그들의 요청으로 아예 대학원에서 배운 협상 과목의 지식을 내 경험과 합쳐서 교육자료로 직접 만들게 되었다. '마음을 움직이는 협상'이라는 주제로 외부 강의를 시작했고, 중앙대, 경희대, 성균관대 등에서도 특강 형태로 강의를 지속해 왔었다.《어떻게 원하는 것을 얻는가(Getting More)》의 저자인 펜실베이니아대학교 와튼스쿨의 스튜어트 다이아몬드 교수는 협상에 대한 새로운 기조의 선봉장으로서 협상에서 가장 중요한 역할을 하는 것이 '내용(8%)'도 '절차(37%)'도 아닌 결국 '사람(55%)'이라고 말했다. 내 강의도 그가 강조한 것처럼 공감을 기반으로 한 협상이 중요하다는 이론을 바탕으로 했다. 그런데 '협상에서 공감이 중요하다'라는 그의 주장은 기존 변호사들의 협상 이론과는 방향성이 달라서 큰 반향을 일으켰다. 내 강의의 기조 또한 공감을 기반으로 한 협상이 중요하다는 이론을 바탕으로 했다. 이렇게 외부에 협상 강의를 하던 시기가 나의 협상 여정의 2단계인 시절이었다. 몇 년 전, 영국에 본사를 둔 세계에서 가장 큰 협상교육 전문기업인 스캇워크(Scotwork)와 계약을 맺고 한국에 스캇워크의 협상 프로그램을 들여오기로 했다. 나 자신도 컨설턴트가 되기로 마음먹고 수개월 동안 전문가 과정(Train The Trainer)을 거쳐 다시 이론과 실습을 경험했다. 외국의 실습 동영상을 보며 참가자에게 맞는 피드백과 협상 기술을 알려 주는 실습을 하느라 영국 본사에서 수십 년간 컨설턴트로 일한 로빈과 둘이서 보낸 시간만 수백 시간에 달했다. 냉철한 피드백을 받으며 굴욕을 당한 느낌이었다. 여태까지 내가 가지고 있던 협상 지식은 보잘것없이 느껴지기도 했지만, 한국의 고객들에게 실질적인 도움이 되겠다는 자신감은 커졌다. 협상 여정의 3단계가 그렇게 끝났다.

한국 시장에서 협상을 가르치는 지금 나의 협상 여정은 4단계가 진행 중이다. 협상은 이기는 것이 아닌, 목표를 달성하는 것이라는 개념과 협상의 정의는 '교환의 과정(Trading Process)'이라는 점을 이 책을 읽는 독자들이 알게 되기를 바란다. 협상의 가장 큰 장애물인 감정을 통제하며 주도권을 유지하고, 구조를 머리로 익히며 기술을 몸에 체득해 목표달성의 결과를 얻기를 희망한다.

막내아들의 자존감의 토대를 만들어 주신 부모님, 책 쓰느라 바쁘기만 한 남편과 아빠를 응원해 준 아내 박해미, 딸 이현이와 아들 태이에게 감사와 사랑의 말을 전한다. 그리고 책이 나오기까지 실질적인 도움을 준 출판사 테라코타와 이동학 차장에게도 감사의 말을 전한다.

PART
1

원하는 것을
얻으려면
감정을 흔들어라

실수만 줄여도
협상은 달라진다

— 행복한 가정은 다 비슷비슷하다. 그러나 불행한 가정은 모두
   제각각의 이유로 불행하다.

러시아의 대문호 톨스토이의 소설 《안나 카레니나》의 첫 줄은
이렇게 시작한다. 불행한 요소가 없는 가정은 행복하게 보일 수
있으나, 가족이 아프거나 너무 가난하거나 가족 간의 갈등이 있
는 등의 부정적인 요소는 단 한 가지로도 가족을 불행하게 만들
수 있다.

한양대학교 홍성태 교수의 저서 《그로잉 업》에서 LG 생활건강
의 차석용 부회장은 《안나 카레니나》의 첫 문장을 인용하며 이
렇게 말했다.

— 잘되고 좋은 회사는 다 비슷하지만 몰락하는 회사의 원인은 다양합니다. 기업이 위대해지는 것보다 몰락의 길이 더 다양하다는 의미입니다.

제품의 품질이 매우 뛰어나고 가격경쟁력이 있으며 성공적인 제품의 홍보 등 한 가지의 성공 요인으로 브랜드가 성공하진 못한다. 품질 이슈가 생기거나, 비즈니스 모델이 실패하거나, 원료 수급에 문제가 생기거나, 평판 이슈가 발생하는 등 단 한 가지의 부정적인 요인으로도 브랜드가 실패할 수 있다.

협상도 마찬가지다. 협상을 잘하는 방법은 매우 다양한데 한 가지를 잘한다고 협상의 성공이 보장되지 않는다. 반대로 단 한 번의 실수가 협상을 실패로 이끄는 경우는 허다하다.

협상을 잘하는 방법

협상을 잘하는 방법을 살펴보자. 체계적인 준비 과정을 통해 나와 상대방의 목표와 우선순위를 파악하고, 목표를 구체적으로 설정하며 한계 포지션 또한 반드시 정해야 한다. 협상을 시작하면 모두발언을 포함한 정보를 주고받으면서 나와 상대방이 중요하다고 생각하는 항목을 교환한다. 나의 제안은 현실적이면서도 상대방의 니즈에 부합되어야 하고 제안이 거절당할 때는 패키지나 바게닝 등을 통해 합의점을 찾아 나간다. 합의가 어느 정도 이루어졌다 판단되면 클로징 시도를 통해 협상을 마무리하고 마지막 동의 단계에선 문서화, 계약작업 및 실행까지 고려하는 과정을 통해 나와 상대방과의 관계 또한 지속할 수 있도록 돕는다.

협상이 실패할 리스크는 앞에서 열거한 협상의 성공 요인과 반대다. 구조적인 준비의 부재, 비현실적인 목표설정, 상대방의 기대치 구조화의 실패, 협상을 마무리하지 못하며 상대방에게 무조건적인 양보를 하게 되거나, 힘의 균형을 잘못 사용하여 상대방과의 관계에 악영향을 끼치는 등 다양한 실패 요인이 있다.

협상은 이벤트가 아니라 여정이다. 준비 단계부터 최종 마무리와 협상 내용의 이행까지의 긴 여정에서 협상을 실패로 이끄는 요인은 다양하다. 기나긴 여정에서 모든 것을 완벽하게 할 수 없지만, 대부분의 협상 실패는 해야 할 것을 안 해서가 아니라 하지 말아야 할 것을 하는 데서 비롯된다. 불필요한 도발로 상대방을 자극하거나, 안 해도 되는 반복된 설명으로 정작 중요한 메시지를 전달하지 못하는 경우가 많다. 협상 조건 자체보다는 협상 과정의 대화에서 더 많은 실패 요인을 제공한다.

실수만 줄여도 절반의 목표달성이 가능하다

리더십 또한 이런 점에서 협상력과 유사하다. 성실하고 성과도 탁월하며 매사에 긍정적인 에너지가 넘치는 매니저가 팀원에게 말실수를 한 번만 해도 그 매니저는 '꼰대'라는 꼬리표를 달게 된다. 전략적 리더십은 좋으나 피플 리더십이 떨어진다는 평을 받기도 한다. 필자가 진행하는 리더십 코칭에서도 초반에는 하지 말아야 할 것(What NOT to do)에 집중한다. 실수를 줄이기만 해도 훨씬 나은 리더가 될 수 있으니 말이다. 워크숍 진행(Facilitation) 중에 액션 플랜을 도출할 때도 시작할 것(Start), 멈출 것(Stop), 유지할 것(Continue)의 세 가지 중 가장 중요한 것이 바로 멈출 것이다. 실수만 줄여도 절반의 목표를 달성했다 볼 수 있다.

협상의 고수는 특출한 한 가지 능력을 갖추고 있는 것이 아니다. 다양한 스타일의 상대방과 예측하기 어려운 여러 상황에서도 실수하지 않는 것이 결국 협상을 성공으로 이끈다.

반대로 협상이 실패하는 가장 큰 상황적 요인은 바로 감정의 통제에 실패할 때다. 감정이 흔들리면, 즉 억울하거나 어이없거나 불쾌하거나 압박받거나 당황하는 상황에 부딪히면 달성하고자 하는 목표를 잠시 잊고 논쟁에서 이기고 싶은 유혹에 빠지게 된다. 감정 관리에 실패하면 협상의 주도권을 빼앗길 리스크에 빠지고 실패할 확률이 높아진다. 텐션 관리가 중요한 이유다.

이에 감정의 동요를 막아 주는 데 도움이 되는 다섯 가지 방법을 소개한다.

① 포커페이스를 유지하라. 특히 제안이 오가는 중에는 어떤 감정도 보여 주지 않는 것이 유용하다. 단, 상대방의 조건이 과도하다 느끼면 놀란 감정을 표현하는 것이 낫다.

② 감정을 추스르기 어려우면 휴회하라. 쿨링 타임을 가지고 나서 다시 목표와 조건에 집중하라.

③ 나의 제안에 대한 상대방의 거절을 예측해야 한다. 그리고 거절 이후에 대응할 방법까지 생각한다.

④ 상대방의 말을 끊지 않고 끝까지 경청하라. 말을 잘 듣고 있다는 인상을 주며 상대방이 한 말을 반복하면 더 이상적이다. 말을 끊었다고 생각할 때 감정이 흔들리기 시작한다.

⑤ 논쟁이 길어지면 먼저 제안을 하라. 논쟁의 덫에 빠지게 되면 협상에서 달성하고자 하는 목표를 잠시 잊고 논쟁에서 이기고 싶은 유혹을 이겨 내야 한다. 제안을 해 보자. 그러면 효과 여부를 따지는 논쟁에서 빠져나오게 되어 협상을 진전시킬 수

있다. 예를 들어 발모제의 효과를 강조하는 판매자와 믿지 못하는 구매자 사이에 '효과가 있다, 없다'의 논쟁이 길어질 때, "발모제를 3개월 사용한 뒤 효과가 없으면 환불해 줄 수 있나요?"라는 제안은 논쟁에서 빠져나오며 협상을 진전시킨다.

협상은 준비한 전략대로 흘러가지 않으며 예측하기도 어렵다. 어떤 상황에서도 차분함을 유지해야 큰 실수를 피할 수 있다. 한 가지 요인으로 협상을 성공으로 이끌 수 없지만, 실패할 때는 단 하나의 요인으로 충분하다. 감정을 관리하고 실패 요인을 줄일수록 협상 목표를 달성할 수 있다.

02
—

부부 사이와 같은
설득과 협상

결혼을 곧 앞둔 예비부부 남 씨(예비 신랑)와 여 씨(예비 신부)는 결혼 준비로 바쁘다. 거주할 곳, 혼수가전, 결혼식 준비가 순조롭게 진행되고 있는 차에 신혼여행을 어디로 갈 것인지에 의견이 엇갈렸다. 남 씨는 인도양에 있는 몰디브의 한적한 섬 리조트에서 쉬고 싶은데, 여 씨는 유럽으로 테마여행을 떠나 좀 더 활동적인 신혼여행을 즐기고 싶어 한다.

남 씨 : 자기야, 유럽은 또 갈 수 있지만 몰디브는 곧 가라앉을 섬이라 나중에 기회가 없을 수도 있어. 우리만 머무를 수 있는 작은 섬에서 멋진 석양을 즐기고 싶지 않아?

여 씨 : 몰디브는 4~5일의 일정으로도 다녀올 수 있으니 나중에

휴가 내서 갈 수도 있지만 14일 정도 휴가를 내는 기회는 쉽게 오지 않을 수 있어. 나는 스위스, 이탈리아, 그리고 프랑스 3개국에서 걷고 기차 타는 여행을 하고 싶어.

남 씨 : 14박 유럽 여행에 비해 몰디브 여행이 가격 측면에선 훨씬 더 싸니깐 남은 비용으로 가전제품을 더 좋은 걸로 사는 게 어떨까?

여 씨 : 유럽을 이코노미클래스로 가면 비용은 큰 차이 없을 거고, 그렇게라도 난 유럽 여행을 가고 싶어. 이번에 못 가면 평생 후회하며 살 것 같아.

프레이밍과 미래결과 시각화

남 씨와 여 씨는 본인의 의견을 관철하고자 '설득(Persuasion)'의 방법을 쓰고 있다. 설득은 자신의 의견을 관철하고자 상대의 마음을 바꾸기 위한 동기를 부여하는 일련의 과정을 말한다. 미국심리학회(American Psychological Association)는 설득을 "상대방이 새로운 태도나 행동을 취하게 만드는 의도적인 시도(A purposeful attempt at getting someone to adopt a new attitude or behavior)라고 정의했다. 효과적인 설득을 하는 키워드 두 가지는 '프레이밍(Framing)'과

'미래결과를 시각화(Establish Momentum)' 하는 것이다.

프레이밍은 상대의 마음이 움직일 수 있을 만한 논거를 나에게 유리한 프레임으로 설명하는 것이다. 몰디브는 가라앉는 섬이라 나중에는 방문할 기회가 없을 것이라는 남 씨의 설명은 '희소성(Scarcity)'의 프레임과 유럽 여행보다 몰디브행이 더 저렴하다는 점은 '비용(Cost)'의 프레임을 사용했다.

미래결과를 시각화하는 방법은 상대방이 내 의견에 동의했을 경우 일어날 수 있는 긍정적인 결과(Consequence)와, 상대방이 동의하지 않았을 경우 일어날 수 있는 부정적인 결과를 묘사하는 것이다. 자세한 상황을 상대방이 머릿속에 그릴수록 효과가 커진다. 여 씨가 "이번에 유럽을 가지 못하면 평생 후회할 것 같아"라고 말하는 것은 "당신이 내 의견에 동의해 주지 않는다면 나는 평생 후회하며 살 텐데 남편으로서 괜찮겠어?"라는 미래결과 시각화라고 볼 수 있다. 즉, 동의해 주지 않았을 경우의 리스크(Risk)를 묘사하는 것이다.

예비부부가 서로 설득해 봤지만, 의견이 팽팽하여 결론이 쉽게 나지 않는다. 슬슬 지쳐가기 시작할 때, 여 씨가 잠시 나가서 바람을 쐬고 오더니 남 씨에게 이런 제안을 한다.

끝까지 그가 이겼다고 믿게 하라

여 씨 : 자기야. 신혼여행지 결정권을 나한테 주고, 가전제품에 대해선 자기가 결정권을 가지면 어때?

남 씨 : 음, 내가 가전제품에 대해선 마음대로 결정해도 되는 건가? TV를 65인치에서 85인치로 바꿔도 된다는 거야?

여 씨 : 그래. 서로 쿨하게 받아들이는 거지.

남 씨 : 좋아, 유럽으로 가자 그럼!

예비 아내는 본인에게 '더 중요한 목표'인 신혼여행지 결정권을 얻기 위해 '덜 중요한 목표'인 가전제품의 결정권을 예비 남편에게 양보하며 교환을 시도했고, 남 씨 또한 85인치 TV가 주는 가치가 신혼여행지보다 컸기에 흔쾌히 여 씨의 제안을 받아들인 것이다. 덜 중요한 것을 내주며 더 중요한 것을 가져오는 교환의 과정이 협상의 정의이듯, 예비 아내는 설득이 먹히지 않자 협상으로 방법을 전환한 것이다.

다섯 살 아들과 두 살 딸을 키우고 있는 맞벌이 엄마 최 씨는 주중에 살림과 근무를 병행하며 사는 삶이 쉽지 않다. 남편과 집안일은 나눠서 하고 있기는 하지만 다섯 살 난 아들이 점점 힘이 세지면서 안아 주거나 제지하는 데 더 많은 에너지가 필요하기 때문이다. 집 근처 식당에는 아들이 뛰어놀 수 있는 마당이 있고,

딸도 좋아하는 메뉴가 있어 최 씨는 이곳에 자주 오며 잠시 쉬는 시간을 가지곤 했다. 그런데 최근 자주 가던 식당이 노키즈존으로 바뀐다는 소식을 듣고 매우 섭섭했다. 주변에 갈 곳이 점점 줄어들어 '아이들 데리고 밥 먹기가 이렇게 어렵나' 하는 생각이 들기 때문이다. 때론 노키즈존인지 알지 못하고 예약해서 갔더니 노키즈존이라며 입장을 거부당할 때는 '차라리 노키즈존이라 미리 공지라도 했으면 좋겠다'라는 생각마저 든다. 아이들이 남한테 피해를 줄 정도로 장난이 심한 것도 아닌데, 아이를 키우는 게 죄인이 된 듯한 느낌이 들어 우울하다.

다음 질문에 답해 보자.

[질문] 식당의 노키즈존 운영을 법으로 금지해야 한다.

① 찬성한다

② 반대한다

제주도에서 고깃집을 운영하는 박 사장은 최근 겪은 사건 때문에 아직도 불면증에 시달린다. 다섯 살 어린이 손님이 식당에서 뛰어다니며 이것저것 만지다가 뜨거운 불판에 손가락을 데어 화상을 입었고, 아이의 부모가 치료비와 위로금까지 요구하고 있는 것이다. 소셜미디어에 아이의 화상 입은 사진을 올리며 식당

이름을 공개하겠다는 아이 부모의 말에 식당 평판에 문제 될까 싶어 걱정된 박 사장은 치료비 외에 수백만 원의 보상을 해 줄 수밖에 없었다. 보상금액의 여파로 이번 달부터 몇 달간 박 사장이 가져갈 생활비는 없다. 아이가 다친 것은 미안하고 속상하지만 식당이 잘못한 부분, 즉 다음에 더 조심할 부분이 무엇일지 잘 모르겠다. 주변 식당 사장들도 비슷한 하소연을 하고 있다. 식당에서 아이들이 동영상을 크게 틀어 놓고 보거나, 뛰어다니다가 다치기도 하고, 빈 테이블에 누워 있거나 하면 다른 손님들이 불편해하는 상황이 많다는 것이다. 주변 지인은 노키즈존으로 식당 운영방침을 바꿨더니 매출은 약간 줄어도 마음은 편하다고 하는데 박 사장도 심각하게 노키즈존으로 바꿀지 고민 중이다.

다음 질문에 답해 보자.
[질문] 식당의 노키즈존 운영을 법으로 금지해야 한다.
① 찬성한다
② 반대한다

만약 첫 번째와 두 번째 설문의 답변 내용에 변화가 있었다면 여러분은 '프레이밍'의 영향을 받은 것이다. 불편함을 호소하는 워킹맘의 상황 프레임과 아이들로 인한 피해와 일부 부모의 과도

한 요구로 힘들어하는 식당 사장의 상황 프레임은 듣는 사람이 서로 다른 방향으로 마음이 움직일 수 있게 만든다. '프레이밍' 은 설득의 기술 중 하나다.

협상과 설득은 다르다

컬럼비아 비즈니스스쿨의 밥 본템포(Bob Bontempo) 교수에 따르면, 협상과 설득은 서로 반대의 심리 프로세스다. 협상은 상호 이익을 위해 서로 가진 자원을 교환하는 것에 비해, 설득은 상대방이 어떤 자원이나 결과의 가치를 믿는 것에 변화를 주는 기술이다. 프레이밍, 미래결과 시각화 등의 기술을 활용하는 설득은 비용이 발생하지 않지만, 협상은 '교환의 과정(Trading Process)'이므로 무언가를 내줘야 하는 비용이 발생한다. 협상은 공짜가 아니다.

상대방이 원하는 것을 내주고 나에게 더 중요한 것을 가져오는 협상은 비용이 발생하지만, 속도가 빠르다. 설득은 느리지만 비용이 발생하지 않는다. 협상은 명확한 언어(목표나 제안, 그리고 양보 등)를 사용하여 정보와 제안을 교환한다. 협상에선 "당신이 원하는 것이 무엇이냐?" "나는 이것을 원하는데 당신은 저것을 양

끝까지 그가 이겼다고 믿게 하라

보할 수 있냐"와 같은 실질적이고 확실한 용어를 주고받는다. 반면 설득은 모호하며 섬세하다. 회의에서 "내가 지금부터 그 사안에 대해서 당신의 생각을 바꿔 주겠습니다"라고 얘기하지 않는다. 이렇게 협상과 설득은 다르다.

협상에서 자주 사용하는 문장은 명확하고 구체적이다.

- 오늘 합의를 해야 할 주제는 A, B, C입니다.
- A를 해 주기로 동의해 주시면 저희는 B를 해 드리겠습니다.
- 제안을 수락할 수 없습니다.
- 귀사는 우선순위가 어떻게 되십니까?
- 저희는 이렇게 제안 드립니다.
- 저희에게 이 부분을 양보해 주실 수 있습니까?

반면 설득에서 자주 사용하는 문장들은 상대방의 머릿속에 시각화되도록 돕는 표현이 많다.

- 그간 우리가 같이해 온 시간이 벌써 10년이 흘렀습니다.
- 저희보다 퀄리티가 뛰어난 곳은 없다고 자부합니다.
- 지금 주문하면 최저가로 구매하시는 겁니다.

- 정말 어렵게 준비했습니다.
- 너무 중요한 문제라 해결이 안 되면 저희는 상황이 어려워질 겁니다.

어린 딸이 감기에 걸렸는데 약을 먹지 않으려 할 때, 설득한다면 이런 대화가 오갈 것이다.

- 이현아, 이번 감기약은 지난번처럼 쓰지 않고 딸기 맛이 나서 먹을 수 있을걸. (프레임_맛)
- 아빠 친구 아들딸 중에 감기약 안 먹는 아이들은 없다고 하던데. (프레임_표준)
- 감기약을 먹고 몸이 나아지면 나가서 친구들과 놀 수 있을 거야. (미래결과 시각화_긍정)
- 만약 감기가 낫지 않으면 친구를 만날 수가 없어. 친구들에게 감기를 옮기면 안 되니까. (미래결과 시각화_부정)

이렇게 해서 감기약을 먹으면 목표는 달성됐고, 상황은 종료된다. 설득된다면 말이다. 그런데 아이가 입을 틀어막고 저항하면 어떻게 해야 할까? 강제로 먹여야 할까? 아니면 화를 내야 할까? 설득이 먹히지 않을 때 그것을 지속하면 상대는 감정이 상하고 짜증이 난다. 오히려 설득 이전의 상태보다 관계가 악화될 수 있다. 이럴 때 협상의 방법을 고려해 보자.

> **아빠** : 감기약 먹을 때마다, 이현이가 좋아하는 게임을 한 시간씩 하게 해 줄게. 감기가 다 나으면 닌텐도 스위치 타이틀 원하는 걸로 사 줄게. 먹을 수 있겠지?

설득과 협상은 다르다. 어느 방법이 더 좋다고 할 수는 없다. 다만, 비용이 들지 않는 설득을 먼저 시도해 보되 설득이 먹히지 않으면 중단하고 협상으로 넘어가는 것이 바람직하다.

설득과 협상을 구분할 수 있다면 이 두 가지 방법을 동시에 활용할 수 있어야 한다. 협상의 정의가 '교환'이고 무언가를 내줘야 하니 협상의 조건이 상대방의 이성적 사고에 영향을 끼친다면, '설득'은 상대방의 감정에 영향을 끼친다. 와튼스쿨의 스튜어트 다이아몬드(Stuart Diamond) 교수가 가장 큰 협상의 성공 요인을 '사람'이라고 했듯이 협상에서 감정은 큰 역할을 한다.

"5% 원하는 대로 올려 줄 테니 바로 당장 서명하시오"라고 예의 없는 말투로 제안한다면 조건이 마음에 들어도 기분이 상한 상대방은 협상을 깨거나 합의 이후에 실행을 게을리할 리스크가 생긴다. 협상의 방법을 쓰더라도 설득의 표현을 더하면 합의점

을 찾을 가능성이 커진다. 협상과 설득이 합쳐지면 시너지 효과
를 낸다.

3년째 거래하고 있는 구매처와 재계약 협상 중인 박종문 이사는
제안과 역제안이 여러 차례 오간 이후에 마음먹은 최종안을 바
이어에게 이렇게 제시했다.

> **박종문 이사 :** 상무님, 지난번 말씀해 주신 사항을 고려해서 제안
> 드리겠습니다. 계약기간을 2년에서 3년으로 늘려 주신다면, 요
> 청하신 가격 조건을 저희가 수용하겠습니다.

협상적 관점에서 보면 깔끔한 제안이다. 가격 조건을 양보하며
계약기간을 얻어내는 교환도 좋다. 여기에 설득의 기술인 프레
이밍과 미래결과 시각화를 추가해 보자.

> **박종문 이사 :** 재계약 논의를 하면서 오랜 시간 동안 너무 수고
> 많으셨습니다. 지난번 말씀해 주신 사항을 고려해서 제안 드리
> 겠습니다. 계약기간을 2년에서 3년으로 늘려 주신다면, 요청
> 하신 가격 조건을 저희가 수용하겠습니다. 가격 조정을 해 드
> 리는 금액이 3년간 환산했을 때 2억에 달하고, 시장 어디에서

도 접할 수 없는 가격 조건이라는 점 강조 드립니다. (프레이밍_
희소성)

박종문 이사 : 저희가 가진 독보적인 기술을 활용한 신제품을 항
상 시장에 가장 먼저 출시할 수 있도록 저희도 최선을 다하겠
습니다. (미래결과 시각화)

딱딱한 협상의 조건만 나열했을 때보다는 설득의 표현이 추가됐
을 때 이성과 감성이 결합하여 강력한 효과를 낸다. 협상의 조건
이 이성적 판단을 돕고, 설득의 표현이 감정을 건드려 상대방의
공감을 끌어내는 부가적인 효과를 기대할 수 있다. 협상과 설득
은 다르다.

서로 다른 삶을 살던 남자와 여자가 만나 부부가 되었을 때 남
편과 아내의 정체성과 고유의 성향은 여전히 다르지만 부부로서
의 새로운 정체성을 가지게 된다. 가끔은 부부싸움으로 툭탁거
리다가도 공동의 적이 나타날 때 부부가 일심동체로 힘을 합쳐
적을 상대하지 않는가. 그런 것처럼 협상과 설득이 다름을 구분
해야 하지만, 이 두 가지 방법을 동시에 활용했을 때 막대한 시
너지를 낼 수 있음을 잊지 말자.

03

목표설정이
협상의 절반이다

박영진 상무는 개인적으로 사용하는 노트북을 교체하고 싶다. 테크노마트로 가서 협상하기 전에 미리 어떤 종류를 사야 할지 살펴봤다. 좋은 스펙(그래픽, 메모리, 저장장치 등)에 화면은 크고 무게는 가벼우며 가격도 매우 싼 제품이 있으면 좋겠지만 그런 목표는 달성할 수 없다. 노트북의 조건 중 나에게 중요한 항목을 먼저 생각해 봐야 한다. 사용패턴을 봤을 때, 용량이 큰 동영상 편집을 많이 하니 그래픽과 저장장치, 그리고 메모리(RAM)는 뛰어나야 하고, 집에서 작업을 많이 하니 무게는 중요하지 않고 별도 모니터가 있어 화면 크기, 그리고 배터리 용량도 중요하지 않다.

우선순위로 반드시 달성해야 하는 목표항목과 그렇지 않은 항목을 다음과 같이 나눠 보았다.

- 중요한 항목 : RAM, 저장장치, 그래픽, 가격
- 덜 중요한 항목 : 무게, 두께, 화면 크기, 단자, 배터리 용량 등 나머지 조건

협상을 시작하기 전 목표를 먼저 설정하는 것은 필수적인 단계다. 내가 무엇을 원하는지, 내가 이 협상에서 얻고자 하는 것이 무엇인지 구조적이며 구체적으로 설정해야 한다. 제대로 목표를 설정하려면 어떻게 해야 하는지, 똑똑한 목표를 설정하지 않았을 경우 겪게 되는 어려움이 무엇인지 알아보자. 세 단계로 목표를 설정해 볼 수 있다.

제대로 목표설정을 하는 방법

첫 번째, 상위개념의 목표, 즉 내가 이 협상에서 이루고 싶은 것이 무엇인지 한 문장으로 풀어 답변을 할 수 있어야 한다. 구체적인 조건이 포함되지 않는 이 한 문장은 감정이 흔들릴 때 나를 잡아 주는 중심적 역할을 한다. 다음 예시를 참고해 보자.

- 지금보다 좋은 조건으로 재계약을 하고 싶다.

- 지금보다 나은 조건이면서 장기적인 커리어 목표에 도움이 되는 곳으로 이직하고 싶다.
- 고객과의 첫 계약을 너무 무리하지 않는 선에서 성사시켜 거래를 확대하고 싶다.
- 다른 조건은 양보하더라도 독점계약을 반드시 성사해야 한다.
- 우리 가족의 생활 방식에 맞는 자동차를 가계 경제에 부담되지 않는 선에서 사고 싶다.
- 집에서 동영상 편집을 더 쉽게 할 수 있는 노트북을 사려고 한다.

협상은 생물이라 예측한 대로 흘러가지 않는다. 상대방이 공격적인 발언으로 나의 감정을 건드릴 수도 있고 전혀 예측하지 못한 정보나 제안으로 내가 흔들리기도 한다. 때로는 서로 감정 대립하는 중에 상대방의 발언에 약간의 오류가 있으면 그걸 바로잡고 싶은 유혹에 빠지기도 한다. 이는 논쟁을 불러일으킬 뿐, 양측의 목표를 달성하는 것과는 거리가 멀다. 협상 내내 목표를 집요하게 기억해야 하는 이유이고, 이 한 문장은 목표에 집착하는 데 도움이 된다. "내가 얻고자 했던 것이 무엇이었더라?" 하고 말이다.

두 번째, 상위개념의 목표를 달성하기 위해 합의가 필요한 협상 항목을 도출하는 것이다. 상대방과의 협상에서 얻고자 하는 항목이라면 일단 모든 항목을 브레인스토밍으로 도출할 수 있다. 항목이 많으면 많을수록 협상의 내용이 풍부해진다. 협상은 항목 간의 교환 과정이다. 항목이 많으면 교환 거리가 많아져 협상의 과정이 풍부해지고, 항목이 적을수록 중간에서 만나며 타협하는 흥정이나 교착 상태로 갈 가능성이 커진다.

'지금보다 좋은 조건으로 재계약을 이루어 내고 싶다'라는 상위개념의 목표를 달성하는 데 필요한 협상 항목으로는 계약기간, 가격, 결제기일, 서비스 범위(Scope), 워런티(Warranty, 품질 보증) 기간, 납기일, 환율 적용 기간 등의 항목을 생각할 수 있다. 이 중 내가 유연한 부분, 즉 양보할 수 있는 영역과 나에게 더 중요한 조건 항목을 선별할 수 있어야 한다.

'우리 가족의 생활 방식에 맞는 자동차를 가계 경제에 부담되지 않는 선에서 사고 싶다'라는 상위개념의 한 문장 목표에서 캠핑을 자주 하는 가족이라면 차량의 크기, 좌석의 숫자, 트렁크의 크기, 연료의 종류 및 연비, 평탄화 여부, 차량의 전고와 전장, 파노라마 선루프 그리고 가격 등의 항목이 중요할 것이고, 나머지 덜 중요한 항목과 구분할 수 있다. 더 중요한 항목은 '주요 항목'으로 분류하여 오늘 협상에서 반드시 합의를 이루어야 할 항목으로 관리한다. 그렇지 않은 목표항목은 위시리스트(Wish List)라고 부른다. 16장에서 자세히 설명할 예정이다.

이직 협상할 땐 역할, 직책, 연봉, 보너스, 자동차 등급, 휴가 일수, 주식 보상, 입사일, 다음 연도 임금인상 가능 여부, 사인온 보너스(Sign-on Bonus, 회사에서 새로 합류하는 직원에게 주는 일회성 인센티브), 휴대폰 지원 등의 항목을 펼쳐 놓고 더 중요한 우선순위를 설정해야 한다. 그래야 협상에 차분하게 임할 수 있으며 협상 조건의 만족도가 더 높아진다. 입사 전 연봉 협상할 때 연봉 조건에선 만족스러워도 다른 항목에서 손해 보는 느낌이 들게 되면, 협상 이후, 즉 입사한 뒤에도 분한 마음이 들어 최고의 성과를 내기 어려운 리스크가 발생한다.

노트북 사례로 돌아가서 구분해 보면 다음과 같이 오늘 반드시 합의해야 하는 주요 항목과 위시리스트, 즉 덜 중요한 항목으로 구분할 수 있다.

- 주요 항목 : RAM, 저장장치, 그래픽, 가격
- 위시리스트 : 무게, 두께, 화면 크기, 단자, 배터리 용량 등 나머지 조건

인텐드와 머스트

세 번째, 주요 항목을 분류한 뒤에는 항목별로 구체적인 목표를 수립해야 한다. 항목별로 내가 어느 지점에서 제안할 것인지, 최악의 경우 어디까지 버틸 수 있을 것인지 범위를 미리 결정해야 한다. 현실적인 최대치(Realistic Ambition)이자 첫 제안 지점을 '인텐드 포지션(Intend Position)'이라고 한다. 상대방이 바로 수락하면 '꽤 만족할 만한' 지점이다. 목표의 구체화는 인텐드 포지션에서 끝나지 않는다. 항목별로 나의 한계치가 있다면 미리 설정해야 한다. 절대로 물러설 수 없는 지점인 마지노선을 뜻하는 한계 포지션을 '머스트 포지션(Must Position)'이라고 한다. 협상이 결렬될 수 있는 마지노선이라는 의미로 '협상 결렬 포인트(Walk Away Point)'라는 별칭을 가지고 있기도 하다.

가격 인상이 불가피한 공급업체가 구매업체와 가격 인상을 협상하기 전 목표설정을 할 때도 두 가지로 정할 수 있다. 상대방에게 첫 제안 지점인 인텐드 포지션으로 5% 가격 인상을, 한계 지점인 머스트 포지션으로 3%를 책정하는 것과 같다. 만약 상대방이 나의 5% 제안을 거절한 뒤 3.5%로 역제안했다고 해 보자. 머스트 포지션인 3%보다 높은 역제안이니 여기서 합의해도 나는 목표를 달성하게 된다. 심리적으로도 여유가 있어 당황하지 않고 차분히 대응할 수 있다. 하지만 한계 지점이 없다면 '거절당했다'라는 사실에 감정이 흔들리게 된다. 감정이 흔들리면 치밀한 대응이 어렵고, 상대에게 주도권을 빼앗길 수 있다. 따라서 한계 포지션을 미리 세팅해야 하고 그것이 협상력에 도움을 준다. 협상은 예측하기 쉽지 않지만, 한계 포지션을 설정만 해도 더 여유 있게 대처할 수 있다. 머스트 포지션만 달성해도 나의 목표는 이룬 것이니까.

주요 항목	인텐드 포지션	머스트 포지션
RAM	64GB	32GB
저장 장치	1TB + 512GB	1TB
그래픽	RTX4080	RTX4070
가격	180만 원	200만 원

노트북 사례로 다시 돌아가서 항목별로 인텐드와 머스트를 설정해 보면 다음과 같다. 주요 항목은 오늘 협상에서 반드시 달성해야 하는 목표이고 항목별로 구체화한 인텐드와 머스트를 설정한 뒤 협상에 임해야 함을 잊지 말자.

- 기본급 18만 4,900원 인상

- 성과급 회사 순이익의 30%
- 상여금 900%
- 결혼 휴가에 재혼도 포함
- 구내식당 이용하지 않으면 돈으로 보상
- 정년 연장 60세에서 65세로 연장
- 자녀 고교 입학 축하금 100만 원 신설

모 대기업의 노조에서 사측에 제시한 요구 사항의 일부 항목이다. 필자가 사측이었다면 합의할 수 없는 협상 조건이다. 매년 진행하는 노사협상의 빈도를 고려했을 때 항목의 숫자가 매우 많고, 일부 무리한 요구 항목이 포함되어 있다. 주관적인 의견이지만 재혼 유급휴가, 구내식당 미이용 시 보상, 정년 5년 연장 등은 관철되기 어려울 것이다. 사측이 이 요구안을 들어줄지 알 수 없지만, 해당 기업의 지난 협상 패턴을 보면 더 많이 요구해서 일부 양보하고 일부는 받아 내는 전략으로 보인다. 협상적 관점에서 보면, 비현실적인 목표설정이다.

네 번째, 목표는 현실적이며 상대가 받을 만해야 한다. 하이볼 전략(High Ball), 즉 미리 타협할 구간을 정해 놓고 그보다 한참 높게 제안하는 전략은 바람직하지 않다. 상대방은 하이볼 전략에 대응해 로우볼(Low Ball) 전략을 쓸 것이고 시간이 갈수록 양측의 시작 지점은 벌어질 수밖에 없다. 신뢰 구축은 더욱 어려워질 것이고 신뢰가 무너지면 덜 중요한 부분에 시간과 에너지를 낭비할 수밖에 없다. 첫 제안인 인텐드 포지션을 상대방의 한계치에 근접한 지점에 제안한 뒤, 서로 작은 항목을 교환하는 조정을 통해서 합의점을 찾는 것이 바람직하다.

협상에선 모든 것을 다 가질 수 없다. 협상은 상대방과 하는 것이기에 덜 중요한 것은 과감히 양보하고, 더 중요한 것을 집요하게 받아 내는 노력을 해야 한다. 협상을 시작하기 전 준비 단계부터 협상에 최종 합의를 이루는 마지막 단계까지 잊지 말아야 하는 항목이 바로 협상의 목표다. 목표를 잊으면 의미 없는 논쟁에 빠져 감정만 상하는 결렬에 이르거나 생각지 못한 양보를 하게 되는 리스크를 피할 수 없다. 상위개념의 목표를 한 문장으로 뽑은 후, 협상 항목을 브레인스토밍하고 중요도로 나눠 '주요 항목'과 '위시리스트'로 구분한다. 그런 다음 주요 항목별로 '현실적인' 구체적 목표를 인텐드와 머스트로 나눌 수 있다면 시작도 하기 전에 이미 협상 여정의 반을 달려왔다고 봐도 무방하다.

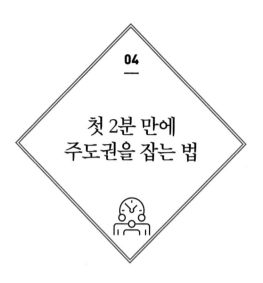

04
—

첫 2분 만에
주도권을 잡는 법

협상 테이블에 마주 앉았다. 오늘 주요 거래 조건을 마무리해야 하는 중요한 협상이 막 시작될 예정이다. 인사를 하고, 날씨와 기후, 그리고 소소한 주제로 분위기를 가볍게 하는 스몰토크(Small Talk)도 마친 후 이제 본격적인 협상을 시작한다. 어떤 말로 시작해야 하는가?

— 오늘 원만한 합의점을 찾았으면 좋겠습니다.

　양사가 모두 윈-윈하는 해결책을 논의하기를 기대합니다.

　이번 기회로 앞으로 더욱 공고한 파트너십을 맺기 바랍니다.

모두발언의 힘

협상을 이런 문장으로 시작하고 있지는 않은가? 이런 문장들은 모두 협상을 시작하는 모두발언(Opening Statement)으로는 부적절하다. 모두발언이 효과적인지 살펴보는 방법은 그 문장을 상대방이 나에게 했을 때 기대치의 구조화에 변화가 있는지를 생각해 보면 되는데 원만한 합의점을 찾자는 메시지는 아무런 영향력을 행사할 수 없는, 하나 마나 한 인사치레일 뿐이다.

모두발언의 힘은 강력하다. 2분도 걸리지 않는 서너 문장으로 상대방의 기대치를 구조화하며 협상 내내 내가 원하는 분위기를 만드는 힘이 있다. 협상 교육을 받은 교육생 또한 가장 도움받는 협상 기술 중 하나로 주저 없이 모두발언을 꼽을 정도로 효과가 좋다.

협상은 예측하기 어렵다. 정보를 모으고 전략을 준비해도 막상 협상이 시작되면 어떤 정보는 틀렸다는 것을 알게 되고, 예상하지 않았던 상대방의 제안에 당황하기도 한다. 또한 상대방의 도발에 감정이 흐트러져 달성해야 하는 목표를 잠시 잊고 논쟁에서 무조건 이기려고만 한다. 어떤 상황에도 대처할 수 있는 협상의 기술이 몸에 체득돼야 하는 이유다. 다만, 협상 기술은 일정 시간 동안 경험이 쌓여 체득되어야 자연스럽게 사용할 수 있다.

협상은 형식지(Explicit Knowledge)보다는 암묵지(Tacit Knowledge)에 훨씬 더 가깝기 때문이다. 협상의 구조와 이론인 형식지를 머리로 익히고, 협상의 기술인 암묵지를 몸에 내재화(Internalization)시켜야 하는 것이다.

협상의 기술은 암묵지이지만 모두발언만큼은 형식지다. 어떤 요소가 담겨야 하는지 구조를 익히고 준비하면 바로 활용할 수 있다. 미리 정교하게 대사를 적어 준비한 대로 읽어 보고 동료 앞에서 리허설도 해 볼 수 있다. 내용뿐 아니라 어떤 제스처와 톤으로 말할지도 준비할 수 있어 더욱 효과적이다. 협상에서 준비한 대로 말할 수 있는 영역은 모두발언이 유일하다. 그 이후에는 예측한 대로 흘러가지 않는다. 모두발언의 구조는 ATEPS로 정리할 수 있다.

Agenda(의제)

Tone(감정)

Expected Outcome(기대 성과)

Position(입장)

Structure Expectation(기대치 구조화)

ATEP, 즉 의제/감정/기대 성과/입장은 모두발언에 담겨야 하는 네 가지 요소다. 이 네 가지가 잘 담겼을 때 모두발언의 효과이자 역할인 기대치 구조화가 비로소 가능해진다.

모두발언의 네 가지 요소

첫 번째 요소인 의제, 즉 협상에서 무엇을 논의할 것인지 주제를 미리 언급하는 것만으로도 효과를 기대할 수 있다. 공급처 제품의 하자로 인한 소비자 컴플레인과 보상 문제가 발생했을 때 공급처와의 협상에선 이렇게 의제를 설정할 수 있다.

— 오늘은 제품의 하자로 인한 고객 컴플레인의 원인 분석과 재발 방지 계획, 그리고 실질적으로 발생한 손해에 대한 보상과 향후 발생할 수 있는 손해에 대한 포괄적 보상책을 논의하고자 합니다.

제품 하자의 원인을 논의할 줄 알았던 상대방에게 의제를 언급하면서 우리가 어떤 부분을 기대하고 있는지 명확하게 알려 주는 효과를 거둘 수 있을 것이다. 때로는 특정 의제를 논의하지 않겠다는 방식으로도 모두발언을 활용할 수도 있다.

— 오늘은 임금 단체협상에 관련된 항목만을 논의할 예정입니다. 그 외에 최근 불거진 직원 징계 건 등은 별도의 회의에서 논의할 것입니다.

이런 경우 협상 중 감정이 격해져 상대방이 다른 항목을 들이밀며 공격할 때 모두발언대로 다시 의제를 조율할 수 있는 효과가 있다.

— 회의 초반에 말씀드린 대로 오늘 논의할 안건은 임금 단체협상에 관한 항목에 국한하기로 했습니다. 잠시 휴회한 뒤에 차분하게 다시 논의하기로 합시다.

두 번째 요소인 톤에서는 전달할 감정을 나타내야 한다. 목소리, 표정, 제스처를 포함하여 특정 단어를 사용하여 감정을 전달할 수 있다. 차분하고 단호한 마음, 불편하고 미안한 감정, 당황스러운 마음, 시간에 쫓기는 압박감 등 여러 가지 감정을 모두발언부터 전달하면 정교하고 정확하게 전달하는 이점을 기대할 수 있다.

— 지난번 회의에서 주문 예정 수량이 많이 줄 것이라 말씀하셔서

당황스러웠고 내부적으로 혼란이 있었던 것이 사실입니다. 연간 20만 개 주문 기준의 단가를 제안 드렸는데 15만 개로 줄어들어 계약기간의 연장이 어렵다면 단가 조정이 불가피한 상황입니다.

당황, 혼선, 불가피 등의 표현을 통해 감정을 초반에 전달하는 것이 친절하고 유연한 표정을 짓는 것보다 더 효과적이다.

세 번째 요소는 기대 성과다. 협상에서 합의가 이루어졌을 경우, 양측이 기대할 수 있는 성과를 구체적으로 표현하여 상대방의 기대치를 구조화시키는 방법이다. 특히 더 효과적인 방법은 내가 기대하는 성과보다는 상대방이 어떠한 결과를 얻을 수 있을지 강조하는 것이며, 긍정적인 결과와 부정적인 결과 두 가지를 모두 활용할 수 있다.

먼저 긍정적인 기대 성과는 합의가 이루어졌을 때 상대방이 느낄 수 있는 바람직한 결과치를 자세하게 시각화(Visualization)하는 것이다.

— 오늘 합의가 잘되면 앞으로 귀사에 수년간 수십억에 해당하는 안정적인 매출이 확보될 것으로 기대합니다. 또한 나아가서 거

래 시작 이후에 내부 피드백이 긍정적으로 나오면 저희 계열사로의 비즈니스 확장 가능성도 기대할 수 있을 것입니다.

이런 기대 성과를 모두발언에서 언급했을 때 상대방은 성사된 이후의 상황을 머릿속에 그리며 합의에 대한 욕구(Desire)를 키움과 동시에 양보할 가능성이 높아지는 효과를 기대할 수 있다.

긍정적인 기대 성과 이외에도 합의가 되지 않으면 상대방에게 일어날 수 있는 부정적인 기대 성과를 모두발언에서 언급할 수도 있다.

— 만약 금주 중에 주문이 확정되지 않으면, 현재 예약해 놓은 재고를 다른 고객사에 공급하라는 본사의 지시가 있었습니다. 그러면 귀사가 한국 시장에서 선점할 수 있는 기회를 놓칠까 봐 걱정입니다.

협상이 잘됐을 때 상대에게 일어날 긍정적인 결과와 잘되지 않으면 상대방에게 닥칠 수 있는 부정적인 모멘텀(Momentum)을 시각화하여 내가 원하는 조건에 가깝게 합의하는 토대를 만들 수 있다.

모두발언의 마지막 요소인 입장에서는 내가 무엇을 원하는지 명확히 전달할 수 있다. 입장은 요구 사항이거나 제안일 수 있고 꼭 수치를 동반할 정도로 구체적이지는 않아도 되지만 상대방이 우리가 원하는 것이 무엇인지 명확히 이해하도록 해야 한다.

— 저희에게 중요한 것은 3년 이상의 계약기간이며, 이게 가능할 경우 다른 부분은 유연하게 논의할 수 있습니다.

상대방에게 우리의 우선순위는 장기계약임을 명확히 하여 기간 양보는 쉽지 않음을 알려 줄 수 있다.

— 예산의 급격한 삭감으로 이번에는 할인을 많이 요청해야 하지만 대신 결제 조건과 추가제품 라인에 대해서는 긍정적으로 고려할 수 있음을 말씀드립니다.

일시적으로 큰 폭의 할인을 요구해야 하는 상황이나, 다른 유연한 영역을 알려 주며 상대방이 단가보다는 다른 항목에 집중하게 만드는 효과가 있다.

— 단가에 대한 입장은 변함이 없지만 결제 조건과 인력 구성에 대해서 요청하신 부분은 논의가 가능할 것으로 보입니다.

우선순위가 무엇인지 알려 주는 것은 매우 중요하다. 우선순위 정보를 알려 주면 행여라도 상대방이 해당 정보를 역이용할까 봐 걱정되어 "무엇이든 다 중요하다"라고 답변하는 경우가 많다. 그래봐야 상대방은 내가 유연하지 않은 부분을 자꾸 요청하고, 나는 "안 된다"라는 말밖에 할 수 없어 협상에 진전이 없다. 중요한 부분과 덜 중요한 부분, 유연한 영역과 그렇지 않은 영역을 알려 주는 명확한 입장을 모두발언에서부터 전달해야 불필요한 논쟁을 줄일 수 있고, 에너지와 감정 소모도 아낄 수 있다.

이런 네 가지 요소인 ATEP를 전달했을 때 상대방의 기대치를 구조화하는 효과를 기대할 수 있다. 해도 그만 안 해도 그만인 모두발언을 피하고, 2분이 채 걸리지 않는 몇 개의 문장을 ATEP로 협상의 첫 분위기를 잡아 보자. 정교하게 준비한 대로 전달할 수 있는 유일한 영역이니까.

05

감정을 흔드는 당근과 채찍 전략

이중희 상무는 오랜만에 가장 친한 친구들 두 명을 만났다. 회사 앞 주점에서 근황을 나누며 즐겁게 소주 한 병씩을 마시고 나니 식당의 풍경이 눈에 들어온다. 한쪽 벽면에 '신메뉴 출시-매운 치즈곱창볶음 1만 5,000원'이라는 문구와 음식의 사진이 걸려 있다. 장난기가 발동한 한 친구가 내기를 제안한다.

"우리 식당 사장님한테 한마디씩 해서 저 신메뉴를 공짜로 달 라고 해 볼까? 성공하는 사람은 오늘 술값 안 내는 거야."

술도 한잔했겠다 친한 친구 앞이니 재미로 하는 내기가 부끄러 울 것도 없다. 사장님에게 무슨 말을 해야 신메뉴를 돈 내지 않고 먹을 수 있을까? 그냥 무미건조하게 "사장님 저거 한번 공짜로 먹어 봅시다"라고 하면 사장님이 줄 리 없다. 줄 이유, 즉 동기(Motivation)가 없기 때문이다. 그럼 사장님에게 동기를 유발할 수 있는 내용으로 문장을 구성해 보자. 세 친구들이 다음과 같이 요청해 봤다.

> **첫 번째 친구** : 사장님, 저 신메뉴 너무 먹어 보고 싶은데 한 번 무료로 주시면 저희가 여기서 10만 원어치 추가로 안주 매상 올려 드릴게요.
>
> **두 번째 친구** : 사장님, 신메뉴 먹어 보고, 맛있으면 다음 주에 저희 회사 직원들 10명과 회식하러 올 수 있는데 공짜로 주시면 안 될까요?
>
> **세 번째 친구** : 사장님, 제가 SNS 팔로워가 1만 명이 넘는데 신메뉴 먹어 보고, 맛있으면 정성스럽게 리뷰와 사진 찍어서 올릴 수 있는데 어떠세요?

음식점 사장은 이 중 어떤 친구의 응답을 들어줬을까? 식당 사장이 원하는 것이 '당장의 추가 매출 10만 원'일지, '다음 주 회식에서 추가로 나올 50만 원 매출'일지, 아니면 '신메뉴에 대한 영향력 있는 홍보와 리뷰'일지에 따라 결과가 다를 수 있다. 물론 거절했을 수도 있다.

협상에서 상대방의 동기를 부여하는 방법은 '상대방이 원하는 것을 제시하는 것'이다. 즉, 당근(Incentive)을 제시하는 것이다. 내가 가진 선택지 중 상대방이 가장 원하는 것(평판, 추가 매출, 식당 홍보 등)을 주면서 내가 원하는 것(신메뉴 무료 시식)을 가져오는 교환을 하는 방법이다.

상대방에게 동기부여를 하는 또 다른 축은 '상대방이 피하고 싶은 상황을 만들어 주는 것', 즉 채찍(Sanction)을 제시하는 것이다.

> "여기서 다음 주에 회식하려고 했는데 다른 곳으로 가야겠네요. 제 친구가 미각이 섬세해서 신메뉴 먹어 보고 정성스럽게 리뷰를 적으려고 했는데 아쉽네요."

협상력을 올리는 힘의 균형

상대방의 동기부여를 해 줄 수 있는 당근과 채찍은 협상 중 나에게 협상력을 올려 주는 힘의 원천이 되며, 이를 '힘의 균형(Power Balance)'이라고 한다. 공급처는 '을'의 역할을 하며 상대방인 '갑'

에게 쓸 수 있는 선택지가 없다고 하소연하지만, 이 '힘의 균형'을 제대로 활용하면 협상력을 높여 주는 많은 선택지를 찾을 수 있다. 혹여 채찍을 협박이나 위협이라 생각할 수 있는데, 상대방이 그렇게 느끼지 않도록 설득하는 표현을 사용해야 한다. 상대방이 제품을 공급받아야 하는 시기를 넘겨야 하는 상황을 피하고 싶어 한다면 "이번 주까지 합의 못 하면 납기 못 맞춥니다"라는 표현은 상대의 반감을 부를 수 있다. 내 조건을 관철하려는 목표는 견고하게 유지하되, '위협'을 통보하는 것이 아니라 상대방에게 발생할 수 있는 리스크를 '걱정'하는 표현이 설득력 있다. 같은 상황에서 이렇게 얘기해 볼 수 있다.

— 계약 조건의 합의가 지연되고 있어 해당 재고를 확보하는 데 어려움이 있습니다. 본사에서 합의 된 고객에게 우선으로 재고를 할당하라는 지침이 내려와 난처한 상황입니다. 다음주 말까지는 확보한 재고를 유지해 보겠지만 그 이후에는 어려울 것 같아 고민입니다.

정부 기관을 대상으로 교육할 때 한 간부가 고민을 토로했다. "시장 가격 대비 비싸게 구매하는 상황이 안타깝다"라는 것이다. 정부 기관이고 바이어 포지션이며 구매하는 물량이 매우 큰

데 왜 시장가 대비 비싸게 구매하는지 자세히 물어보니 이런 사정이 있었다.

— 우리 기관은 질병이 발생한 이후에 최대한 이른 시일 내에 방역물품을 대량으로 구매해서 전염을 최소화해야 합니다. 그런데 입찰공고를 내면 충분한 재고를 이미 보유한 소수 업체들이 시장 가격보다 높은 가격에 응찰하고 그중 최저가를 선택해야만 하니 안타까운 거죠.

공급업체들 입장에선 재고를 보유한 업체가 많지 않고 구매자(정부기관)에게 중요한 것이 '단가'보다는 '시간'과 '충분한 재고 확보'임을 잘 알고 있기에 이를 활용하고 있다. 상대방(정부)이 피하고 싶은 상황, 즉 시간 내에 재고를 확보하지 못해 전염병 확산을 막지 못하는 상황을 피하고 싶어 한다는 점을 공급업체가 활용하고 있다고 볼 수 있다. 재고가 충분한 공급업체가 힘의 균형을 활용하고 있는 것이다. 컨설턴트로서 해당 간부에게 다음과 같은 조언을 해 줬다.

— 상대가 나에게 힘의 균형을 쓰지 못하도록 대책을 마련해야 합니다. 시간을 내 편으로 만들어야 합니다. 다만 전염병을 예측

할 수 없으니, 재고를 평시에 여러 곳에 확보해 놓고 필요할 때 주문할 수 있는 시스템이 비용 측면에서 유리하다면 보관료를 평시에 내더라도 힘의 균형에서 밀리지 않을 수 있습니다. 경쟁력 있는 제품을 최저가로 구매할 방법이 될 겁니다.

2023년 9월 13일에 러시아의 푸틴 대통령과 북한의 김정은 위원장이 보스토치니 우주기지에서 회동한 소식에 전 세계의 이목이 집중됐다. 독일의 메르켈 총리를 네 시간 기다리게 했던 지각 대장 푸틴이 30분 먼저 도착해서 김정은 위원장을 기다렸고, 소유즈-2 우주 로켓 발사 시설을 함께 시찰한 뒤 시험동에서 두 시간의 회담을 했다. 회담의 결과는 공개되지 않았지만 많은 경로를 통해 추측할 수 있는 내용으로는, 우크라이나와의 전쟁에서 고전 중인 러시아가 북한의 재래식 무기 또는 노동력을 공급받고, 북한은 러시아의 미사일 기술을 전수 받는 가능성을 들 수 있다.

하지만 국제정세 전문가들은 이런 표면적 이유 이외에 숨겨진 이유가 있다고 믿는다. 양국 사이에 있는 중국과의 '힘의 균형'을 재정립하는 것이다. 서방 세계와 껄끄러운 관계를 유지하고 있는 북·중·러는 서로 힘을 합쳐야 하면서도 동시에 중국은 북·러와는 결이 다른 외교적 상황에 놓여 있다. 중국은 북한과 러시아와 다르게 서방국가와 경제적 협력과 무역 활동을 유지하고 있다. 서방국가와 완전히 등을 돌려 제재를 받고 있는 북·러는 중국과의 협력관계를 더욱 강화해야 하는 니즈를 가지고 있지만, 중국은 서방 세계와의 무역 활동을 유지하기 위해서 북·러와는 어느 정도 거리를 유지해야 한다. 하지만 중국과 더 우호적인 관계를 맺고 싶어 하는 북한과 러시아가 오히려 직접 협력을 강화한다면 중국에는 긍정적인 소식이 아니다.

존 델러리 연세대 국제대학원 교수는 "중국 국경 건너편에서 펼쳐지고 있는 김정은과 푸틴의 야합에 시진핑 주석이 크게 기뻐할 것으로 보지 않는다"라고 말했다.

〈뉴욕타임스〉는 "북한과 러시아의 관계가 더 가까워지면 둘 다 중국에 덜 의존하게 될 수 있다"라며 "이런 상황 때문에 우크라이나 전쟁 종식, 북한의 핵 프로그램 억제에 대한 글로벌 협상에서 중국의 영향력이 감소할 수 있다"라고 설명했다. 서로의 관계를 돈독히 하며 중국에 '너 말고도 난 다른 선택지도 가지고 있다'라는 메시지를 줄 수 있기 때문이다. 바로 '힘의 균형'에서 상대가 피하고 싶은 상황을 만들어 나에게 유리한 방향으로 상대에게 동기부여를 해 주는 것이다.

원하는 상황과 피하고 싶은 상황

— 오늘이 말일인데 200만 원 할인해 주시면 바로 계약하고 결제까지 할게요. 그렇지 않으면 일단 다른 매장 더 둘러보고 나서 결정하려고 합니다.

가전 매장에서 신혼 가전제품을 구매하고자 협상할 때 고객 입장에서 영업사원인 상대방에게 이렇게 말할 수 있을 것이다. 매장 내 영업사원이 매월 매출 목표를 달성해야 한다는 것을 눈치챘다면, 말일은 매우 중요한 시기이므로 '상대방이 원하는 당근'과 '상대방이 피하고 싶은 채찍'을 동시에 활용해서 나의 협상력을 올릴 수 있다.

협상의 기본구조인 힘의 균형에서 당근과 채찍을 효율적으로 활용하기 위해선 상대방이 원하는 상황(What they want)과 피하고 싶은 상황(What they want to avoid)을 많이 알수록 나의 선택지가 넓어진다. 준비 단계에서 추측과 가정을 통해 미리 생각해 본 뒤 본 협상을 시작한 이후에는 질문을 통해서 원하는 것, 피하고 싶은 상황을 파악할 수 있다.

● 이번 달 매출 목표 달성과 연간매출 목표 달성 중 어느 것이

더 중요한가요?

- 말씀하시는 단가를 맞춰 드리되 제품의 스펙이 약간 달라져도 괜찮으신가요?

- 만약 납기가 한 달 정도 지연되어도 큰 문제는 없으신 걸로 이해해도 될까요?

- 구매팀과 엔지니어링팀과 서로 합의된 부분인가요?

이렇게 힘의 균형은 모든 형태의 협상에서 상대방의 기대치를 구조화하고 동기부여를 하는 방식으로 매우 유용한 역할을 한다. 당근과 채찍을 활용하여 상대에게 동기를 부여하는 힘의 균형은 협상 테이블에서 실질적인 협상력을 올리는 역할을 한다. 준비 단계에서 내가 사용할 수 있는 힘의 균형을 자세히 살펴보기도 해야 하지만, 동시에 상대방이 나에게 활용할 수 있는 힘의 균형 또한 살펴봐야 한다. 내가 원하는 것을 해 줄 수 있거나, 피하고 싶은 상황을 만들 수 있는 선택지가 상대방에게 있는지 최대한 숙고하여 잠재적인 리스크, 즉 나에게 쓸 수 있는 채찍을 피할 수 있는 방법을 찾아야 할 것이다.

06
—

탁월한 협상은
좋은 질문에서 시작된다

"Garbage In Garbage Out."

필자가 10여 년 전에 글로벌 음료기업에서 근무할 때 외국인 상사에게 들은 문구로 '허접한 질문에는 허접한 답변만 돌아올 것이다'라는 뜻이다. '쓰레기'라는 뜻의 Garbage를 완화했지만, 여전히 과격한 표현이라 처음 들었을 때는 당황했다. 하지만 살면서 좋은 질문의 힘을 강조하기에는 더없이 맞는 표현이라 자주 사용하게 되었다. 협상뿐 아니라 리더로서도 좋은 질문을 통해서 정보를 취득하는 것에 더해 상대방의 마음을 움직이고, 의지를 끌어 올리며 약속을 받아 내는 효과까지 기대할 수 있다.

커뮤니케이션 컨설턴트인 도로시 리즈(Dorothy Leeds)는 그의 저서《질문의 7가지 힘(The 7 Powers Of Questions)》에서 좋은 질문의 첫 번째 힘으로 "질문을 하면 답이 나온다"라고 했다.

좋은 질문이 좋은 답을 만든다

좋은 질문은 좋은 답변, 즉 중요한 답변을 유도한다. 좋은 질문의 강력한 힘은 협상에서도 그 효과를 발휘한다. 협상에 대입했을 때 좋은 질문이 가진 세 가지 힘을 소개한다.

첫 번째, 문제의 핵심을 건드려 중요한 정보를 받아 내는 힘이 있다. 질문을 통해서 상대방의 어려움, 기회, 니즈, 제한 등을 확인한 뒤에 그 정보를 바탕으로 나의 제안을 구성할 수 있다. 협상 전에는 가정과 추측이 있더라도 협상이 시작한 뒤에는 질문을 통해 가정과 추측이 맞는지 반드시 확인해야 한다. 상대방의 생각을 지레짐작으로 추측하고 확인 절차 없이 추측을 사실로 받아들이고 제안했다가 거절당한 협상가들의 사례를 종종 볼 수 있다.

중고차 판매장에 온 손님이 관심을 보이는 자동차에 대해 이것저것 확인하더니 가격을 물어본다.

딜러 : 이 차는 오늘 현금 850만 원 송금하시고 가져가시면 됩니다.

고객 : 아… 현금 850만 원이요…?

딜러 : 네, 850만 원이긴 하지만 가격 조금 더 빼 드려서 800만 원에 가져가시죠.

고객 : 아… 현금 800만 원이면… 어렵네요.

딜러 : 손님, 협상 잘하시네요. 제가 이번 주 첫 판매라서 780만 원까지 할인해 드릴게요. 더는 안 됩니다.

고객 : 아… 가격이 문제가 아니라 현금이 없어서요, 카드로도 구매할 수 있나요?

딜러 : 아….

고객은 가격을 깎을 생각이 없었고 당장 현금이 없어 카드로 계산하려 했지만, 딜러가 '현금'이라고 해서 '어렵다'라고 표현한 것을 딜러는 '가격을 깎아 달라'고 이해한 것이다. 만약 딜러가 "어떤 부분이 어려우세요?"라고 물었다면 고객의 문제가 단가가 아니라 지불 방법임을 알았을 것이고 70만 원을 할인해 줄 필요는 없었을 것이다.

구체적인 질문만이 중요한 핵심 정보를 얻어낼 수 있다. 막연한 질문은 들으나 마나 한 대답밖에 얻지 못하기에, 구체적인 질문으로 상대방을 생각하게 만들어야 한다. 아이들이 학교에 다녀왔을 때 "오늘 학교 어땠니?"라는 질문을 한다면 "좋았어요" "매일 똑같죠"라는 답변이 오기 마련이다. "오늘 가장 황당했던 일은 뭐였어?"라는 질문이나 "오늘 가장 크게 웃었던(화났던) 일은 뭐였니?"라고 물어본다면 아이는 자신이 겪은 하루를 금세 복기하고 구체적인 에피소드로 답변할 것이다.

"중요한 게 무엇인가요?"라는 질문에 상대방은 "저희는 다 중요하죠"라고 답변하겠지만 "A와 B 중 A가 더 중요하다고 이해하면 되는 걸까요?"라는 질문을 한다면 "A, B 모두 중요하지만, 굳이 하나를 고르라면 A에 좀 더 우선순위를 두고 있습니다"라는 답변이 나올 가능성이 커진다. 구체적인 질문이 협상에 진전을 이룬다. 협상에서 자주 사용하는 몇 가지 일반적인 질문을 구체적인 질문으로 바꿔 보자.

일반적 : 조건을 설명해 주시겠습니까?

구체적 : 저희가 이해하기로는 오늘 단가, 결제 조건, 계약기간을 합의하는 것으로 보입니다. 지난번에 말씀드린 저희의 제안과 비교해서 제안 주실 거라 기대하면 되겠습니까?

일반적 : 더 좋은 조건에는 안 되겠습니까?

끝까지 그가 이겼다고 믿게 하라

구체적 : 주신 조건은 저희로선 충분하지 않습니다. 합의점을 찾기 위해 A, B, C 중 우리가 유연하게 논의할 수 있는 부분은 어느 조건일까요?

일반적 : 왜 안 된다는 거지요?

구체적 : 구체적으로 A, B, C 중에 어떤 조건이 마음에 들지 않으신 건지요?

일반적 : 언제까지 합의가 되어야 하나요?

구체적 : 저희는 다음 주 안에 합의가 되어야 생각하시는 타임라인에 맞출 수 있다고 생각하는데 어떠신지요?

생각 정리를 통해 구체적인 질문 만들기

구체적인 질문을 하려면 생각을 먼저 정리해야 한다. 내가 정말 궁금한 것이 무엇인지, 상대방에게 받아 내고 싶은 정보가 무엇인지 구조를 정리한 뒤에 질문을 다듬어야 구체적인 질문을 할 수 있다. 노력 없이 좋은 질문을 만들 수 없고 연습 없이 실전에서 사용할 수 없다. 다음은 참고할 만한 좋은 질문이다.

- 왜 그런 요구를 하는 것인지 알려 주시겠어요?

- 어떤 상황이신지 정확히 설명해 주시겠습니까?

- 우선순위가 무엇인가요?

- 주신 제안의 근거를 여쭤봐도 될까요?

- 어떻게 하면 합의점을 찾을 수 있을까요?

- 어떤 부분이 마음에 안 드시는 걸까요?

- 만약 저희가 이렇게 제안을 조정해 보면 어떠시겠습니까?

- 말씀하신 제안을 받아들인다면 오늘 합의를 마무리할 수 있는 건가요?

- 저희 제안에 대해서 어떻게 생각하십니까?

- 의사결정에 영향을 미치는 요소가 무엇인지요?

- 이번 논의가 귀사엔 어떤 의미가 있으신지요?

- 재고를 조금 더 할당받는 방법이 무엇일까요?

협상 교육에서 널리 쓰이고 있는 UGLI 오렌지 협상 실습사례를 살펴보자. UGLI라는 매우 희귀한 품종의 오렌지가 개발되었고 연간 생산되는 수량은 한정적이다. 두 개의 그룹에 각각 다음과 같은 정보를 준다.

──── **[그룹 1]** 당신은 제약회사의 생물학 연구원입니다. 정부와 계

약 하에 생물학 전투에 대처하는 방법을 연구하고 있고, 가스가 새어 나가기 전에 주입하면 신경가스를 중화시킬 수 있는 합성 증기를 당신의 연구소에서 개발했습니다. 이 증기는 UGLI 오렌지의 껍질에서 추출한 화학물질로 만들어집니다. 오렌지 재고 3,000개가 꼭 필요합니다.

— **[그룹 2]** 당신은 제약회사의 생물학 연구 과학자입니다. 최근 임산부에게 영향을 미치는 희귀 질병인 루도센을 치료하고 예방하는 데 유용한 합성 화학물질을 개발했습니다. 세럼은 UGLI 오렌지즙으로 만들 수 있는데, UGLI 오렌지를 지금 구하지 못하면 다음 수확 때까지 기다려야 합니다. 그러면 루도센 환자를 치료하기에 너무 늦을 것입니다. 지금 꼭 필요한 오렌지 수량은 3,000개입니다.

세계에서 유일하게 3,000개의 오렌지 재고를 보유한 농장주는 더 비싼 가격을 제시하는 회사에 오렌지를 판매할 의향이 있다. 입찰하기 전에 양측이 먼저 만나 협상을 한다. 마음이 급한 협상팀은 "우리에게 이 오렌지가 얼마나 중요한지" 설득하거나, "더 비싼 가격에 우리가 반드시 구매하겠다"라고 엄포를 놓기도 한다. 하지만 UGLI 오렌지 협상은 양측이 서로 필요한 것이 상호

배타적이 아니라는 사실을 얼마나 빠르게 깨닫는지에 따라 전혀 다른 흐름으로 전개된다. 한쪽은 오렌지 껍질이 필요하고, 반대편은 오렌지즙이 필요하다는 사실을 상대방에게 알리게 되는지가 관건이다. "왜 오렌지가 필요합니까?" "오렌지의 어느 부분을 어떻게 활용할 계획입니까"라는 질문을 한다면, 반대편은 핵심 정보를 답변하면서 양측 모두 오렌지를 껍질과 즙으로 나눠 가지면 원하는 만큼인 3,000개를 각각 가져갈 수 있게 된다.

중요한 정보를 얻고 싶다면 질문부터 다듬어야 한다. 구체적인 질문으로 만들어서 정말 원하는 정보를 상대방이 알도록 해야 한다. 때론 나의 정보를 먼저 알려 주는 것도 좋다. 정보의 흐름은 물길과 같아서 내가 먼저 물길을 내면 그 길을 따라 상대방의 정보도 흘러 들어온다. 나는 감추기만 하고 정보만 얻고자 한다면 상대방도 열었던 길을 다시 닫으려 할 것이다. 좋은 질문만이 원하는 대답을 구할 수 있다.

두려움 때문에 협상하지 말라.
그렇다고 협상하는 것을 두려워하지도 말라.

———

존 F. 케네디

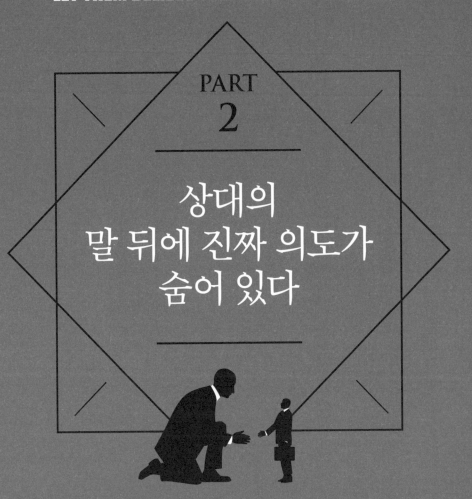

LET THEM BELIEVE THEY WON UNTIL THE END

PART
2

상대의
말 뒤에 진짜 의도가
숨어 있다

07

프레임만 바꿔도
상황이 반전된다

질문은 프레임을 통해 상대방의 기대치를 구조화하는 힘을 갖고 있다. 프레이밍을 활용해서 상황을 보는 관점을 다르게 하며 주제나 상대방의 생각을 바꾸는 방법이다. 사안을 보는 시각을 다르게 조정했을 때 내가 보여 주고 싶은 프레임으로 상대방도 보도록 하며 다른 결과를 기대하는 설득의 기술이다. 마음에 들지 않는 후배와 어쩔 수 없이 식당에 갔다면 비싼 요리를 사 주고 싶은 마음이 없다. "뭐 먹을래?"라는 질문을 하는 대신 "짜장면과 짬뽕 중 뭐 먹을래? 난 짜장면"이라는 질문을 던지며 자신이 원하는 답변으로 유도한다. '중국 음식 전체'라는 앵글과 '짜장면과 짬뽕' 중 골라야 하는 앵글은 상대방의 의사결정 프로세스에 영향을 끼친다.

서울대 심리학과 최인철 교수의 저서 《프레임 : 나를 바꾸는 심리학의 지혜》에 소개된 프레이밍의 예시를 살펴보자.

양육권 분쟁 중인 부부가 양육권 결정을 법원에 맡겼고, 배심 원단은 부모의 정보를 가지고 누구에게 양육권을 줘야 하는지 결정해야 한다. 여러분도 누구에게 양육권을 줘야 할지 생각해 보자.

부모 1	부모 2
보통 수준의 수입	평균 이상의 고수입
건강 상태 보통임	건강상 사소한 문제가 있음
업무량 보통임	업무상 출장이 잦음
아이와 보통 수준의 사이	아이와 친밀한 사이
사회생활 보통 수준임	사회생활 아주 활발함

프린스턴대학교의 엘다 샤피어(Eldar Shafir) 교수 연구팀의 연구 결과에 따르면 약 64%가 부모 2에게 양육권을 맡겨야 한다고 결정했다. 그런데 판사가 배심원단에게 요청한 질문이 "누구에 게 양육권을 주어야 하는가"가 아니라 "어느 부모에게 양육권을 주면 안 되는가"라고 가정했을 때 여러분의 생각이 바뀌는지 살 펴보자.

64%의 사람들이 "부모 2에 양육권을 주어야 한다"라고 이미

답을 했으니 36%가 부모 1에 양육권을 주면 안 된다고 답을 해야 하겠으나, 실제 결과는 무려 55%의 사람들이 부모 2에게 양육권을 주면 안 된다고 결정했다.

이런 모순된 결과가 나온 이유는 질문의 프레임에 따라 다른 프레임이 활성화되는 효과라고 볼 수 있다. "누구에게 양육권을 줘야 할까"라는 질문에는 장점을 찾는 프레임이 활성화되어 '고수입, 아이와 친밀한 사이' 등의 특성이 눈에 들어올 것이다. 그러나 "누구에게 양육권을 맡기면 안 될까"라는 질문을 받으면 장점보다 '단점'을 찾는 프레임이 활성화되어 건강상 문제, 출장이 잦은 특성이 의사결정에 영향을 미치게 된다. 같은 사람인데 프레임에 따라 양육에 적합하게 보이기도 하고 부적합하게 보이기도 하는 것이다.

프레이밍을 바꾸는 상황 뒤집기

질문을 통해서 프레이밍을 바꾸는 시도를 할 수도 있다. 현재 상황을 바꾸길 원하는 측이 유지하고 싶은 측에게 사용할 수 있는 방법으로 '상황 뒤집기(Altering Status Quo)'가 있다. 만약 아이가 게임과 유튜브에 몰입해서 숙제도 미루고 식사 시간에도 자

꾸 늦는다면 현재 상황에 변화를 주고 싶은 부모는 이렇게 말할
수 있다.

> **아빠** : 아들, 지금처럼 휴대폰을 너무 과도하게 보느라 숙제도
> 못하고 가족들이 같이 식사도 못 하는 상황은 바람직하지 않
> 아. 아빠가 두 가지의 선택권을 줄 테니 네가 골라 볼래?
>
> **아들** : 뭔데?
>
> **아빠** : 앞으로 주중에는 숙제를 먼저 한 뒤 휴대폰을 보는 것과
> 저녁 식사 이후에 휴대폰을 보는 것 중에 어떤 게 더 좋으니?
>
> **아들** : 둘 다 싫은데?
>
> **아빠** : 응 만약 둘 중에 고르지 않으면, 앞으로는 주말에 휴대폰
> 과 게임기는 금지할 수밖에 없어.
>
> **아들** : …숙제 먼저 하고 할게. 그럼…

상황 뒤집기를 활용해서 게임을 아무 때나 하는 프레임에서 '반
드시 할 일을 해야 볼 수 있는 휴대폰'이라는 프레임으로 전환했
고, 두 가지 선택지를 제시하며 상대방이 선택하게 했다. 물론 자
유롭게 휴대폰을 사용하는 현재 상황을 유지하고 싶은 상대방은
거절할 것이고 이때는 '현재 상황을 유지한다면 어떤 결과를 맞
게 될지'의 상황 정보를 줘서 상대방이 두 개 중 더 나은 선택지

를 고르는 것이 이익이라고 생각하게 하는 방법이다. 상대가 어느 선택을 해도 난 이미 상황을 바꾸게 된다.

최근 교육을 진행한 리서치 회사의 임직원은 고객으로부터 일정을 당겨 달라는 요청을 받곤 한다. 일정을 당기기 위해 팀원들의 추가적인 근무시간과 일의 순서를 변경하는 에너지가 수반되나 거절하기 어렵고, 비용을 청구하지도 못한다.

고객 : 저희가 급한 보고 일정이 있어 마감 예상보다 2주 당겨 주시기를 요청합니다.

리서치 회사 : 아 급한 일정이 있으시군요. 2주가 가능한지 내부적으로 논의하고 알려 드리겠습니다.

고객이 보는 '일정'이라는 프레임을 상대인 리서치 회사가 그대로 받아서 프레임을 유지했다. 만약 고객의 프레임을 바꾸는 시도를 한다면 대화가 이렇게 바뀔 수 있다.

고객 : 저희가 급한 보고 일정이 있어 A프로젝트의 마감을 예정보다 2주 당겨 주시기를 요청합니다.

리서치 회사 : 어떤 구체적인 이유가 있으신지 여쭤봐도 되겠습니까?

끝까지 그가 이겼다고 믿게 하라

고객 : 저희 사장님 출장 일정이 변경되어 출장 전에 보고해야 할 상황이 생겼어요.

리서치 회사 : 아 그러시군요. 저희도 업무가 이미 정해진 타임라인으로 가고 있어서 일정을 2주 정도 당기려면 저희 입장에서 여러 가지 조치가 필요한 건 알고 계시는지요?

고객 : 어떤 조치가 필요하신데요?

리서치 회사 : A프로젝트의 마감을 당기려면 팀원들의 업무를 조정해서 현재 진행 중인 B프로젝트의 마감일이 비슷한 기간만큼 늦어질 수 있는데 괜찮으신지요?

고객 : 아 그건 안 되는데 다른 인력을 투입할 수는 없을까요?

리서치 회사 : 만약 다른 팀에서 인원 차출이 가능한지도 확인해야겠지만 추가 비용이 발생하더라도 일정을 조정하셔야 하는 건지요?

고객 : 추가 비용은 얼마나 발생할까요?

리서치 회사 : 그건 확인해 봐야 하는데, 추가 비용 청구가 가능한지 알려 주시면 정확한 비용을 산정 후에 답변드리도록 하겠습니다.

'일정'의 프레임을 대화 중 유지하면 '되는지'와 '안 되는지'의 선택지밖에 논의할 수 없다. 그러나 '다른 프로젝트의 마감 기간에 영향' 또는 '비용'의 프레임으로 전환되면 상대방은 부탁만 할 수 없고 다른 선택지(B프로젝트 기간 연장 또는 추가 비용 발생)와 A프로젝트의 일정 단축 중 저울질하게 될 것이다. 고객으로서 B프로젝트가 밀리는 상황과 추가 비용을 내게 되는 상황 중에 선택하거나 최초의 요청을 철회할 가능성이 커진다. 이 세 가지 선택지 모두 리서치 회사로선 괜찮다. 이 밖에도 "일정을 당긴다면 퀄리티에 영향을 받을 수 있는 데 괜찮으신지요?"라고 물어보며 '일정 프레임'을 '서비스 퀄리티 프레임'으로 바꿔 볼 수 있다.

'왜(Why)'와 '왜 안돼(Why Not)'도 다른 답변을 가져오는 좋은 질문 프레임의 예시다. 기후현실프로젝트(The Climate Reality Project) 캠페인에서는 청소년들이 세계의 리더에게 기후 변화를 언급하며 "왜 지금 행동하지 못할 이유가 무엇이냐(Why not act on climate change now)?"라고 묻는 장면이 등장한다. 왜 지금 행동해야 하는지 묻는다면, 지금 꼭 해야 할 이유를 생각하지만, 지금 못할 이유가 무엇이냐고 물을 때 지금 할 수 없는 이유가 없다면 행동할 가능성이 커지는 질문이다. 프레임을 바꾸면 상황이 달라진다. 반전시키고 싶은 상황이 있다면 프레임을 활용하라.

끝까지 그가 이겼다고 믿게 하라

08

질문만으로 상대의
결정을 끌어낸다

글로벌 IT 기업의 고객솔루션팀에서 근무하는 조 이사는 대기업 고객과 두 시간의 컨퍼런스를 준비 중이다. 고객사의 직원 40여 명을 모아서 새로운 서비스를 소개할 계획이고, 일정과 주제까지 모두 결정됐지만, 합의가 되지 않은 부분은 비용 분담이었다. 조 이사는 상사로부터 호텔의 세미나실 대관료 150만 원까지 부담하는 것으로 승인받아 놓았지만, 고객 측에서 참가자 40명을 모을 수 있는 시간이 점심시간뿐이니 식사비용 200만 원까지 부담하라고 요구한다. 추가 비용 200만 원은 상사의 승인은 고사하고 불호령이 떨어질 게 확실하다. 그렇다고 고객사에서 쉽게 부담할 상황도 아니다. 얼마 전 자사의 서비스 오류로 인해 불편을 겪었던 고객이라 눈치 보이기도 한다. 고객사에 난국을 타개

할 아이디어를 제안하고 싶은데 상사가 해외 출장이라 연락이 어렵고 오늘 안에는 결정이 나야 한다.

조 이사 : 팀장님, 호텔에 걸어 놓은 가예약이 오늘까지라 오늘 확정을 짓지 않으면 예약이 어려울 수도 있답니다. 혹시 식사 비용 부담은 어려우신 거죠?

고객사 : 네, 저희는 사용할 예산이 없는 데다가 40명이 모일 수 있는 시간이 점심시간밖에 안 됩니다. 예산이 어려우시면 저희는 세미나 안 해도 상관없는데, 조 이사님이 새로운 서비스 포트폴리오를 공유해 주시겠다고 해서 잡은 겁니다.

조 이사 : 네 그렇죠. 그럼 제가 한 가지 여쭤봐도 될까요?

고객사 : 네 말씀하세요.

조 이사 : 만약 A사의 박 대표님을 연사로 모셔서 '챗GPT 활용 사례' 강의가 가능하다면, 강연료 200만 원 정도는 내실 수 있으세요? 확정된 것은 아니고 저희도 알아봐야 하지만 지난번에 관심 있다고 하셨고, 또 40명의 모인 김에 한 시간 정도 더 늘려서 유익한 강의 듣는 것도 괜찮을 것 같아서 여쭤봅니다. 관심 있으시면 알아보려 하는데, 강사료는 저희가 책임지고 식사 비용 200만 원을 대신 내주시면 될 것 같습니다.

고객사 : 아, 박 대표님 모실 수 있으면 저희는 너무 좋죠. 강사

료든 식사비용이든 200만 원 정도는 쓸 수 있습니다.

조 이사 : 네 그럼 제가 알아보고 다시 업데이트 드리겠습니다.

조 이사는 박 대표에게 전화를 걸었다. 챗GPT 관련 업계에서 인지도가 있는 박 대표 또한 이 고객사와 거래를 할 의향이 있었기에 강사료 없이 흔쾌히 강연을 수락했다. 물론 고객사 팀장이 관심이 많고 관련 임직원 40명이 모이기가 쉽지 않은 자리라 좋은 결과가 있을 것이라는 설명은 박 대표에게 전한 뒤에 말이다.

상대의 의향을 확인하는 오픈도어 방법

조 이사가 고객사에 한 제안은 빈틈없이 완전한 것은 아니다. 박 대표와 미리 합의된 것도 아니었고 상황을 해결할 아이디어를 설익은 채로 고객사에 물어본 것이다. '만약(What if)'의 조건을 붙여서 50%짜리 제안을 질문 형식으로 하여 상대의 의향을 확인하는 것을 오픈도어(Open Door) 방법이라 한다. 100%의 확실한 제안을 만들 시간이 없거나 방향성 정도만 확인할 때도 좋지만 무엇보다 협상에 난항을 겪어 새로운 돌파구가 될 항목이 필요할 때 유용하다. 문을 확실히 여는 것이 100% 제안이고, 문을 닫는 것이 결렬이라면, 발 하나 걸칠 정도만 문을 열며 상대방의 의중을 확인하는 효과가 있다. 오픈도어에선 이런 질문들을 사용할 수 있다.

— "만약 계약기간을 조금 더 길게 늘리는 것이 가능하다면, 단가를 조정할 수 있는 명분을 만들 수 있을 것 같은데 어떻습니까?"

"합의점을 찾기가 쉽지 않네요. 혹시 새로 출시하는 신제품 라인을 저희가 유통할 수 있을까요? 그 가능성에 따라 저희도 적극적으로 추가 양보할 수도 있을 것 같습니다."

"고객님, 김치냉장고 이외에 공기청정기도 혹시 필요하진 않으세요? 공기청정기와 김치냉장고를 함께 구매하시면 할인을 좀 더 해 드릴 수 있을 것 같아서 여쭤봅니다."

스타트업을 운영하는 이 대표는 국내 제약사 연구소와 공동연구 프로젝트의 계약 조건을 벌써 수개월째 논의하고 있다. 연구비 조건, 기술 소유권, 파트너십 기간 등 항목별로 어려웠지만 하나씩 합의점을 찾아가고 있다. 공동 개발한 기술을 해외에 수출할 때 판권과 이익분배가 가장 어려운 조건이었지만 양측의 입장 차이가 많이 줄어든 상태다.

끝까지 그가 이겼다고 믿게 하라

이 대표 : 소장님, 그럼 하나씩 정리를 좀 해 볼까요? 연구비, 계약기간 등은 합의가 되었고, 이제 해외시장 판권도 저희가 드리기로 양보했고요, 이익분배 조건만 남은 거죠? 연구소에선 50 대 50의 분배조건 말씀하시고 저희는 60 대 40인 차이가 있는 거죠?

연구소장 : 네, 그 밖에도 뭐 여러 가지 합의할 것들은 있긴 합니다. 계약 시작일도 그렇고, 연말에 해외 세미나 비용을 어떻게 나눌지도 논의해야 하고요.

이 대표 : 계약 시작일은 모든 조건이 마무리되면 그 시점으로 하면 될 것 같습니다. 해외 세미나 비용은 계약 조건과는 직접적인 연관이 없으니 양사가 조율하면 되지 않을까요?

연구소장 : 아, 그리고 계약서 조인식에 저희 사장님이 참여하셔야 하는데 이번 달 말에는 해야 할 것 같아요. 이후에 사장님 장기 출장이 있으셔서.

이 대표 : 알겠습니다. 소장님, 그럼 이익분배 조건은 50 대 50으로 하고, 3년 후 재계약시 이익분배 조건을 재논의하는 것으로 저희가 양보한다면, 이제 계약서 작업해도 되지 않을까요? 합의해야 할 다른 사항 있으십니까?

연구소장 : 네, 저희도 주신 제안에 동의합니다. 다른 사항 더 없습니다.

클로징 시도(Closing Trial)의 질문은 협상 중 항목 간에 합의를 보는 과정이 지루해질 때 유용하다. 주요 조건에는 대략 합의한 것 같지만 마무리 단계로 잘 넘어가지 않을 때 확실히 진전시키는 역할을 한다.

또한 상대방이 가지고 있는 숨은 의제(Hidden Agenda)가 있는지 확인함과 동시에 협상을 마무리 단계로 전환할 수 있는 방법이다. 상대방이 다음과 같은 지엽적인 질문을 하기 시작하면 클로징 시도를 할 시점이다.

— "합의하게 되면 환율 적용 시점은 소급이 되는지요?"

"그런데 납기는 다음 달 말까지는 가능한 거죠?"

"대표님들 양해각서 조인식 행사를 한다면 3주 후 정도가 좋겠죠?"

"최소 주문 수량은 어떻게 됩니까?"

이런 경우에 상대방의 숨은 의제가 남아 있는지 확인하면서 협상을 종결시킬 수 있는 클로징 시도는 다음과 같이 할 수 있다.

— "환율 적용 시점을 소급해 드린다면 오늘 최종 합의를 하실 수 있는 건가요?"

끝까지 그가 이겼다고 믿게 하라

"말씀하신 결제 조건 요청을 저희가 수락한다면 오늘 이메일로 모든 합의 조건을 확정하실 수 있는 거죠?"

"납기 조건을 확정하면 모든 조건에 합의가 된 걸로 이해하면 되겠습니까?"

만약 상대방이 주저한다면, 아직은 숨은 의제가 있는 것이고 추가적인 질문을 통해서 모든 의제가 협상 테이블에 올라가도록 해야 할 것이다.

더 이상 논의할 의제가 없다면 이제 협상을 마무리하면 된다. 질문은 협상에 진전을 이룬다. 질문은 상대의 결정을 끌어내는 힘이 있다. 주저하는 상대를 다음 단계로 이끄는 질문의 힘을 활용하자.

09

원츠가 아니라
니즈에 답하라

한 커플이 4박 5일짜리 여름 휴가 계획을 짜고 있다.

> 남 : 나는 올해는 산으로 휴가를 가고 싶어.
>
> 여 : 나는 바다로 가고 싶은데….

의견이 충돌하는 상황에서 여러분은 어떻게 대화를 이끌어 갈 것
인가? 강의 중에 질문을 던지면 청중은 다양한 답변을 내놓는다.

— "양보해서 가자는 곳으로 가야죠."

"제가 원하는 곳으로 가자고 다시 얘기해야죠."

"산이 (또는 바다가) 좋은 점을 들면서 설득해야죠"

"여행 기간을 반으로 나눠 지리산과 해운대를 2박씩 가야죠."

"산과 바다가 모두 있는 속초와 설악산으로 가야죠."

이 중 양측 모두 만족하는 결과를 가져오는 답변은 없다. 산에 가거나 바다에 간다면 한쪽만 목표를 달성하고 나머지 한 명은 희생해야 한다. 가장 많은 답변은 산에 2박, 바다에 2박을 나눠 가는 방법으로 윈-윈의 결과 같지만, 이것 또한 반쪽짜리 결과 물만 얻는 타협일 뿐이다. 바다에 가고 싶지 않아 산에 가자고 했다면 산에 가는 것 자체가 양보일 수 있기 때문이다.

요구 뒤에 숨겨진 '진짜 이유'를 찾아라

케네스 토마스(Keneth Thomas) 교수와 랠프 킬만(Ralph H. Kilmann) 교수가 함께 개발한 토마스-킬만(Thomas Kilmann)의 5가지 갈등 해결 방법 중 타협(Compromising) 모드는 나의 요구와 상대 요구 의 중간 지점에서 만나며 누구도 목표를 온전히 달성하지 못한 다. 경쟁(Competing) 모드는 원하는 대로 강행하는 것으로 상대 와의 관계에 좋지 않은 영향을 끼친다. 상대와의 관계를 중요시 하는 수용(Accommodating) 모드는 한두 번은 가능해도 지속할 수

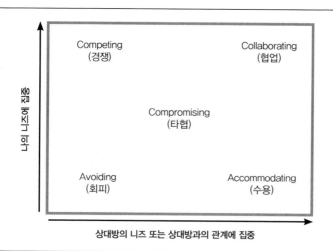

토마스-킬만의 갈등해결 모형

있지 않다. 회피(Avoiding) 모드는 아예 휴가를 가지 않는 것과 같이 누구도 목표를 달성하지 못한다. 합의점을 찾지 못해 밥상을 엎는 것과 같아 바람직하지 않다.

토마스-킬만의 갈등 해결 모드에서 가장 이상적인 모드는 협업(Collaborating)이다. 양측 모두에게 만족스러운 해결책인 조인트 게인(Joint Gain)을 찾는 모드다. '산에 갑시다'와 '바다에 가고 싶어'라는 요구(Wants)다. 서로 다른 요구는 절대 만날 수 없다. 충돌만 있을 뿐이다. 협업은 요구라는 정보로는 해결할 수가 없다. 요구 뒤에 숨겨진 니즈(Needs)를 알아야 한다. '산에 가자'라는 요구이고 '왜 산에 가고 싶은지의 이유'가 곧 니즈다.

끝까지 그가 이겼다고 믿게 하라

산에 가고 싶은 이유	바다에 가고 싶은 이유
공기가 좋다	싱싱한 해산물과 회를 먹고 싶다
조용하다	새로 산 수영복을 입고 수영하고 싶다
등산하고 싶다	바닷가 경치를 보고 싶다
모래를 밟는 게 싫다	선탠하고 싶다

요구끼리는 만날 수 없지만, 니즈는 만날 수 있다. 다음과 같이 양측의 니즈를 모두 해결해 주는 조인트 게인을 찾을 수 있고 나와 상대방 모두 온전히 원하는 목표를 얻을 수 있다.

— 조용한 곳에서 쉬며 싱싱한 회를 먹을 수 있는 한적한 펜션.
물놀이를 할 수 있는 수영장 딸린 산속 조용한 리조트.

고객은 많은 것을 요구한다. 다양하기도 하지만 때론 과도해서 수용하기 어렵다. 고객은 왕이니까 무조건 최선을 다해 요구 사항을 들어 줘야 할까? 어렵다면 죄인처럼 불가능하다고 머리를 조아려야 할까?

필자가 글로벌 제약기업의 일반의약품사업부 대표로 근무할 때 약국 채널을 대상으로 활동하던 영업사원이 전한 고객의 요구 사항을 모아 보면 다음과 같다.

— 공급가는 낮아야 하고, 주문에 필요한 최소량은 지금보다 적어야 하고, 주문 후 하루 안에 배송됐으면 한다. 가격경쟁 때문에 중간이윤이 줄어들지 않도록 시장의 판매가가 형성돼 있으면서도 나는 주변보다 싸게 팔 수 있어야 한다. 중간이윤은 최고로 많이 줘야 하고, 다른 약국엔 없는 독점 제품을 나에게만 공급해 주면 좋겠다. 판촉물과 소모품은 많이 지원해줄수록 좋으며, 반품은 조건 없이 쉬워야 한다.

이렇게 많은 요구 사항을 들어줄 수도 없지만 그럴 필요도 없다. 요구를 수용한다고 해서 문제가 끝나지 않기 때문이다. 고객의 많은 요구보다 그 뒤에 숨어 있는 실제 니즈를 볼 줄 알아야 한다. 고객이 왜 그런 요구를 하는지 보다 근본적인 시각이 필요하다.

앞의 케이스로 돌아가 보면 고객의 실제 니즈는 이렇게 이해해 볼 수 있다.

— 보건 의료 전문가로서의 평판을 유지하면서도 상업적으로 지속할 수 있는 수입을 얻는 니즈. 찾아오는 환자 고객으로부터 불만을 들을 일이 없게끔 신뢰를 구축하는 니즈.

끝까지 그가 이겼다고 믿게 하라

제품을 판매하는 영업사원은 고객의 요구는 들어주지 못해도 니즈에 부합하는 제안을 할 수 있다. 선택지가 넓어지기 때문이다. 고객은 요구하는 데 전문가이지만 영업사원이 판매하는 제품과 해당 세그먼트, 그리고 관련 소비자에 대해서는 영업사원이 전문가다. 제품의 입점을 제안하거나 판촉을 제안할 때 고객의 요구와는 달라도 고객의 니즈에 부합되면 영업사원의 설득력은 강해진다.

고객의 니즈를 파악하는 법

고객의 요구와 제안은 숨겨진 니즈를 달성하기 위한 것이기에 영업사원은 그 니즈를 파악하는 일이 더 중요하다. 모든 요구에는 니즈가 숨겨져 있다. 요구 사항을 수용하는 데 집중하면 '윈-루즈(Win-Lose)'의 결과를 초래할 뿐이고 이는 지속적이지 못하다. '윈-윈(Win-Win)'을 장기적으로 원한다면 요구 뒤에 숨겨진 니즈를 알아야 한다. '가격을 인상해야 한다'라는 공급처의 실제 니즈는 현금 흐름 때문일 수 있다. 결제 조건을 일시적으로 변경할 수 있는 유연함이 있다면 가격 조건을 유지할 수 있다.

그럼 고객의 니즈를 어떻게 알 수 있을까?

컨설팅 회사 엘리베이트(Elevate.to)의 창업자인 로니카 로스 (Ronica Roth)는 고객과의 대화, 시장과 업계의 인사이트, 소비자의 행동에 대한 인사이트 등의 조합에서 고객이 원하는 니즈를 해결할 수 있다고 말한다. 인사이트와 가정을 바탕으로 고객에게 도움이 된다는 자신이 있다면 고객의 요구를 뛰어넘을 수 있다. 요구에 응답하지 못할까 두려운가? 니즈를 알기 위해 질문하는 것이 부담스러운가? 용기가 필요하지만 그 열매는 달 것이다.

10
—

상대가 이겼다고
믿게 하라

- 시금치 한 단의 가격을 깎기 위해서 양파 한 망을 더 사는 양보

- 중고차의 가격을 깎기 위해서 친구를 소개해 주는 양보

- 식당에서 좋은 자리를 예약하기 위해 정성스러운 리뷰를 써 주는 양보

- 옆 부서 동료로부터 긴급한 업무 도움을 받기 위해 술을 사 준다는 양보

- 제품의 단가를 더 낮추기 위해 결제 대금을 더 빨리 지급하는 양보

- 아이의 성적을 올리기 위해 게임기를 사 주는 양보

- 친구들과 골프 여행을 가기 위해 아내가 원하는 선물을 주는 양보

협상은 교환의 과정이다

협상은 '교환의 과정'이라고 했다. 중요한 목표를 가져오고자 교환하는 양보는 협상의 필수요소다. 양보가 없는 협상은 존재하지 않는다. 아무것도 내주지 않고 상대방에게 무엇을 얻어내고자 하는 방법은 설득이지 협상이 아니다. 양보 없이 최대한 받아내고 싶은 심리적인 유혹은 누구에게나 있다. 덜 주고 더 받을 수 있으면 이상적이겠지만 협상이 깨질 리스크를 함께 고려해야 한다. 제품의 단가를 30%나 낮춰달라면서 양보는 안 하려 들면 상대가 수용할 리 없다. 몇 시간을 꼬박 투자해야 하는 긴급한 업무를 동료에게 요청하면서 아메리카노 한 잔 사 주겠다고 한다면 긴급하게 도와줄 이유가 없다. 나의 양보와 상대방의 양보 가치는 같아야 한다. 등가교환의 법칙이다.

양보를 아끼려다 협상이 깨지는 경우가 많지만, 양보를 무제한으로 할 수도 없다. 어디까지 양보해야 하는지 기준은 협상에서 양보의 비용과 협상이 깨질 때 발생하는 기회비용을 비교할 수 있으면 된다. 교착 상태에 빠질 상황의 비용이 양보비용보다 낮다면 결렬되는 것이 바람직하다. 양보하더라도 결렬되는 기회비용이 양보비용보다 더 든다면 과감하게 양보하며 협상을 마무리해야 한다.

유럽계 항공사가 기내식 업체와의 공급가 협상에 실패했다. 원가 인상으로 인한 공급가 인상을 기내식 업체가 요구했지만, 항공사는 이를 거절했고 결국 협상이 결렬되어 계약기간 종료와 함께 모든 기내식 공급이 중단되었다. '우린 메이저 항공사라 공급량도 많고, 전 세계 지점에 독점 공급권을 주니 우리와 거래하고 싶은 기내식 업체는 많을 것이다'라고 안일하게 생각했던 항공사는 막상 대체할 공급업체를 찾지 못했다. 오히려 규모가 너무 큰 것이 후보 업체에 부담이 된 것이었다. 결과적으로 기내식 공급이 중단되자 승객들은 불만을 제기하고, 예약 손님은 환불을 요청하며 매출과 이익이 감소하는 사태에 직면했다. 언론에서도 '밥 안 주는 항공사'라며 비판 기사를 쏟아 내니 항공사의 평판에도 문제가 생기는 등 갖가지 비용이 발생했다. 안팎으로 어려움을 겪던 항공사는 결국 기내식 업체와 재협상에 나섰고 공급가를 인상해 주며 기내식 공급이 재개되어 정상적인 운항을 할 수 있었다. 항공사로선 공급가 인상이라는 양보를 아끼려다 협상이 교착 상태에 빠져 더 큰 비용(매출과 이익 감소 및 평판 이슈)이 발생하게 되었다. 양보에 필요한 비용과 협상이 깨졌을 때 발생할 수 있는 잠재적인 비용을 비교하여 더 낮은 비용을 택해야 한다는 것을 알려 주는 좋은 사례다.

협상 타결을 위한 양보 전략

뛰어난 협상가라면 양보를 활용하여 협상 목표를 달성하려 한다. 적절한 양보(Concession) 없이는 협상이 타결되지 않는다. 협상의 정의는 '교환의 과정'이다. 협상 목표를 달성하기 위해 나에게 덜 중요하거나 유연한 항목이 상대방에게 가치가 있다면, 나에게 더 중요한 항목을 요구하며 교환하는 것이 협상이다.

다음 그림에서 보듯이 나에게 발생하는 비용과 상대방에게 주는 가치를 기준으로 양보를 네 가지로 나눠 볼 수 있다. 나에게 비용이 낮지만, 상대에게도 가치가 낮다면 무의미하고 하나마나 한 양보다. 상대방에게 가치가 높다고 나에게 비용이 큰

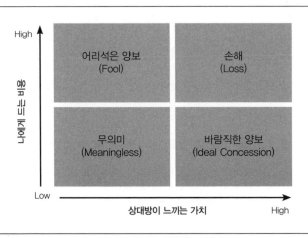

성공적인 협상을 위한 양보 전략

끝까지 그가 이겼다고 믿게 하라

항목을 양보한다면 나에겐 손해가 된다. 나에게 큰 비용이 발생하는데 상대에게 가치가 없다면 어리석은 양보다. 바람직한 양보는 나에게 발생하는 비용이 낮으면서, 상대방에 주는 가치는 높은 양보다. 나에게는 유연하거나 비용이 많이 들지 않으면서 상대에게 가치가 있는 항목을 제안하기 위해선 상대를 알아야 한다.

최근 교육을 진행한 미국계 반도체 장비업체는 고객에게 견적을 제공할 때 USD 통화를 사용하지만, 실제 주문이 이루어질 때는 원화로 주문하는 프로세스로, 구매 시에 어떤 환율을 적용할 것인지가 중요한 협상 항목 중 하나였다. 8만 9,000달러의 장비 11대를 구매하는 협상에서 최근 3개월 평균 환율을 적용했을 때 6개월 평균 환율 대비 30원 정도 낮았고, 장비업체는 30원을 낮춰 주는 양보를 활용하여 목표를 달성하기로 했다. 30원의 양보를 제안할 때 다음과 같이 두 가지 표현을 비교해 보자.

A : 나머지 조건에 합의해 주신다면 3개월 평균 환율로 적용해 30원을 낮춰 드리겠습니다.

B : 나머지 조건에 합의해 주신다면 기준 환율을 조정하여 환율에서 3,000만 원에 해당하는 혜택을 드리겠습니다.

상대방에게는 A보다는 B가 훨씬 더 큰 혜택이 있다고 느껴질 것이다. 환율 단가 차이인 30원을 언급하는 것보다 30원의 환율 차이를 제품의 가격과 총주문 수량에 반영한 총금액인 3,000만 원을 강조하는 것이 더 가치 있게 들린다.

상대방이 최대의 가치를 느끼는 양보

상대방이 내가 하는 양보의 혜택을 최대한으로 느낄 수 있도록 강조해야 한다. 가치양보(Value Concession)를 통해서 상대가 내 양보의 가치를 크게 느끼는 만큼 비례해서 나의 요구 항목이 관철될 가능성이 커진다. 상대에게 얼마나 도움이 되는지 알기 위해서 상대를 알아야 한다. 내가 하는 양보가 상대에게 어떤 역할을 할지 선제적으로 알려 줄수록 내 양보의 가치가 더 커진다.

글로벌 기업의 대표로 구성된 협회에서 세미나를 주최하며 미국계 자동차회사의 아시아 지역본사 사장을 세미나의 연사로 초대하기로 했다. 연사로 초대하며 강사료를 지급하는 것이 일반적이나 자동차회사의 아시아본사 사장이 협회와의 네트워킹을 원하고 있다는 것을 알고 있던 협회의 회장은 자동차회사에 강사료를 지급하는 것이 아니라 오히려 기부금을 요청했다. 어려운 계층을 지원하기 위한 기부금이 필요했던 협회는 세미나의 한 세션을 자동차회사 아시아 사장에게 할애하는 양보를 했다. 자동차회사는 100명의 글로벌 기업 대표를 만날 기회를 얻었기 때문에 기부금 요청을 수락할 수 있었다.

협회의 회장이 상대의 니즈를 알고 협회의 양보가 상대에게 얼마나 가치 있는지 강조하며 목표(기부금)와 수월하게 교환할 수 있었다. 가치양보를 활용한다면 다음과 같이 말할 수 있을 것이다.

—— 글로벌 기업의 대표 100명이 60분 동안 온전히 당신에게 집중하도록 하는 이벤트를 독자적으로 기획한다면 최소 수억 원의 비용이 들어갔을 것입니다. 1,000만 원의 기부금 또한 귀사 이름으로 어려운 이웃에게 전달되며 보도자료 또한 배포될 예정입니다. 귀사는 글로벌 기업 대표와의 네트워킹 기회와 ESG(Environment-Social-Governance) 활동의 효과를 모두 얻게 될 것입니다.

상대방에게 양보를 요구할 때는 가치양보의 반대 개념인 최소 프레이밍(Minimum Framing)을 사용할 수 있다. 나의 요구를 상대가 최소로 느끼도록 강조하는 것이다. TV홈쇼핑에서 쇼호스트가 제품을 홍보하며 '하루에 단돈 1,000원'을 강조하지만 60개월 할부금을 다 내면 제품 가격이 수백만 원에 달하는 것과 같은 방법이다. 활용할 수 있는 가장 작은 단위를 사용해 상대방이 부담을 최소로 느끼게 하는 프레이밍이다. 환율 조건을 논의할 때 양보를 요구하는 입장이라면 3,000만 원이 아닌 30원을 강조해야 한다. 유통사와 연 100억 매출 규모의 제조사와 물류 장려금을 조정하는 협상을 하며 입장 차이가 0.1%라고 해 보자. 유통사 입장에서는 '0.1%밖에 되지 않는다'라며 최소 프레이밍을 써야 하고, 제조사 입장에서는 '100억의 0.1%인 1,000만 원'을 강조하며 금액이 크다는 인식을 주는 것처럼 같은 금액을 상대가 다르게 느끼도록 하는 표현 방법이 유용하다.

가치양보는 내 목표를 달성할 가능성을 높이는 동시에 상대방이 크게 혜택을 받았다고 느끼게 해 주는 효과가 있다. 대화로 이루어지는 협상에선 감정이 큰 역할을 하기 마련이다. 내 감정은 통제하되, 상대방에게는 심리적 기제를 활용할 수 있으면 유용하다. 내가 하는 양보는 크게 강조하고 요구 사항은 작게 프레이밍하여 협상의 목표를 달성하며 상대방이 이겼다고 믿게 하자. 상대방이 협상에서 덜 내주고 더 받았다고 믿는다면 협상 결과에 만족할 것이고 만족도가 높을수록 나에게 유리하다. 내 목표를 달성할 수 있다면 상대방이 웃도록 도와주자. 나는 집으로 돌아와서 웃으면 되지 않겠는가.

11

협상은
저맥락이 답이다

—— "제안 잘 들었습니다만 저희는 좀 어렵습니다."

"그렇게 하는 걸로 하시죠."

"잘해 주실 거죠?"

이 문장의 공통점은 무엇일까? 내용이 모호하여 맥락 없이 이해하기 어렵고 화자의 말의 의미를 듣는 사람마다 다르게 받아들일 수 있는 점이다. "제안을 수락하기 어렵다"라는 말이 제안의 어떤 조건이 마음에 안 든다는 것인지 추가로 질문해야만 알 수 있다. "그렇게 하시죠"라는 대명사 또한 구체적이고 명확한 표현 없이는 알 수 없다. 당사자도 다르게 이해할 리스크도 있다. 공급처에게 기대하는 '잘해 준다'의 의미는 좋은 조건을 제시하길 기대하는 것인지, 거래 이후에 서비스와 제품의 퀄리티를 의미하는 것인지 추가 대화 없이는 알 수 없다. 고맥락 문장의 특징이다.

고맥락과 저맥락 문화의 차이

문화의 차이 중 하나는 곧 맥락의 차이로 나타난다. 인류학에서 고맥락 문화(High Context Culture)와 저맥락 문화(Low Context Culture)는 의사소통에서 맥락이 얼마나 중요한지, 더 구체적으로는 소통하는 메시지가 얼마나 명시적인지에 따라 구분한다. 고맥락 문화는 메시지에 의미를 부여하는 간접적인 언어적, 비언어적 의사소통을 중시하는 반면, 저맥락 문화는 직접적인 언어적 의사소통과 명시적인 언어 기술에 의존한다.

고맥락과 저맥락 문화를 처음 소개한 저명한 인류학자 에드워드 홀(Edward T. Hall) 교수는 그의 저서 《침묵의 언어(The Silent Language)》에서 고맥락 문화의 의사소통은 눈을 마주치거나 심지어 어깨를 으쓱하는 것과 같은 신체적 행동과 특징을 활용해 대부분 정보를 전달하기에 고맥락 문화의 사람들끼리는 서로 간 역사와 배경지식 없이도 의사소통이 꽤 정교하게 이뤄질 수 있다고 했다. 이런 특징은 언어 그룹, 국가, 지역 커뮤니티 등에 따라 다르게 나타나는데, 한국, 중국, 일본, 중동, 남미국가 등은 고맥락 문화의 국가로, 미국, 독일 그리고 스칸디나비아 국가들은 저맥락 문화의 국가로 분류될 수 있다.

한 나라 안에서도 문화적 맥락은 집단별로 달라질 수 있으며, 문화 자체도 끊임없이 변화하는 진화의 산물이다. 그런데도 문화적 차이는 서로 다른 집단을 이해하는 데 도움이 된다. 네덜란드 심리학자 헤이르트 호프스테더(Geert Hofstede)는 고맥락 문화와 저맥락 문화를 집단주의와 개인주의에 적용했다. 집단주의 사회는 개인보다 집단을 우선시하며, 개인주의 사회는 그 반대를 의미한다. 개인주의 문화에서는 개인의 가치와 개인의 독립적인 발전, 문화적 다양성을 중시하기에 상호 오해를 피하려고 좀 더 명확한 의사소통 방법이 요구된다. 여기서 언어는 목표를 달성하거나 정보를 교환하기 위한 수단이다. 반면 고맥락 문화에서 언어는 관계 형성을 돕고 유지하며 관계를 맺는 과정에 활용된다. 고맥락 문화에서 사람들은 친구와 가족 관계에 의존하며 관계를 공동체 일부로 파악한다. 즉, 가족, 하위문화 및 내 집단같이 공통된 배경을 가진 집단에서는 서로 이해하기 위해 명시적으로 단어를 사용할 일이 많지 않다. 반면 대도시나 다국적 기업과 같이 더 다양한 배경의 사람들이 함께 모이는 환경에서는 저맥락 의사소통 방식을 사용한다.

이런 문화적 차이는 비즈니스 상황에서 어떻게 드러날까? 사규에 출장 시 호텔을 선정하는 기준이 없는 회사라고 하자. 고맥락 문화에서 온 직원이라면 '관계'와 '맥락'을 중요하게 보고 '얼마의 호텔이 적절할까?'라는 질문의 답을 찾기 위해 이전 사례(직급별, 부서별 선정 사례)를 알아본 뒤, 주변 직원에게 물어보며 가격 범위를 머릿속에 그릴 것이다. 반면 저맥락 문화에서 온 직원은 1박에 50만 원이 넘거나 10만 원을 넘지 않는 호텔을 고르는 등 예측이 쉽지 않다. 남의 시선보다는 개인적인 시각에서 본 니즈에 맞춰 호텔을 고르는 것이 익숙하다.

고맥락 사회의 '보이지 않는 적절한 선'은 저맥락 문화에 존재하지 않는다. 저맥락 문화에서는 '금지'라고 되어 있지 않으면 '무엇이든 가능하다'라고 이해한다. 미국 공항의 화장실에 변기를 딛고 올라서지 말라는 안내가 있거나, 미국 앨라배마주에 있는 교회에서 가짜 수염을 붙이는 것을 법으로 금지해 놓기도 했다. 저맥락 사회에서는 고맥락 사회보다 계약과 정책을 구체적이고 명시적으로 만드는 경향이 있다.

이런 고맥락-저맥락 문화의 차이는 협상 과정에서 의사소통의 오해를 일으킬 수 있다. 가장 큰 소통의 어려움은 서로의 대화를 다르게 이해하는 데서 비롯한다. 관계를 중시하는 고맥락 문화의 사람들은 상대방의 기분을 상하게 하지 않기 위해 간접적으로 표현한다. 그래서 고맥락 사회는 듣는 사람에게 메시지의 의미를 해석할 기회를 제공할 때가 많다. 예컨대 '가격 인상이 어렵다'라는 표현은 고맥락 문화에선 '불가능하다'라는 의미를 에둘러 표현하는 것인데, 저맥락 문화에선 말 그대로 '어렵지만 불가능하진 않다'로 이해할 수 있다.

미국공군협상센터(Air Force Negotiation Center)의 폴 퍼만(Paul J. Firman) 교수는 저서 《다양한 문화와의 협상(Negotiation Across Cultures)》에서 고맥락-저맥락 문화에서는 '어떻게 말하는가(How it's said)?'와 '무엇을 말하는가(What is said)?'의 의미가 달라질 수 있다고 강조했다. 특히 고맥락 문화에서는 말이나 문장뿐 아니라 화자의 제스처, 톤, 얼굴 표정 또한 중요하다.

폴 퍼만 교수가 같은 저서에서 소개한 일화를 보자.

1991년 1월 이라크가 쿠웨이트를 침공한 뒤 미국의 국무장관인 제임스 베이커(James Addison Baker III)는 이라크의 외무장관 타리크 아지즈(Tariq Aziz)와의 협상에서 전쟁이라는 최악의 상황을 피하는 법을 논의했다. 베이커 국무장관은 평소의 대화 방식으로 차분하게 "이라크가 쿠웨이트에서 철군하지 않으면 미국은 이라크를 공격할 것이다"라고 했다. 회의장에 있던 사담 후세인의 이복동생은 이를 듣고 회의가 끝나자 후세인에게 이렇게 보고했다.

> "미국은 공격하지 않을 것이다. 미국은 약하고, 차분하고, 화나지 않았다. 미국은 말만 한다."

이복동생의 말대로 이라크는 쿠웨이트에서 철군하지 않았고, 6일 후 그 유명한 미국의 걸프전(작전명 '사막의 폭풍')이 시작됐으며, 이라크 시민 17만 5,000명이 목숨을 잃은 비극이 시작됐다.

'무엇을 말하는가'가 중요한 저맥락 문화의 제임스 베이커 국무장관은 표정과 제스처, 그리고 목소리의 톤보다는 입 밖으로 나오는 말을 중요하게 여겼다. '쿠웨이트에서 철군하지 않으면 이라크를 공격한다'라는 메시지는 명확했고, 말하는 순간 곧 약속이라고 여겨도 될 것이다. 반면에 고맥락 문화에 속하는 중동에선 '어떻게 말하는가'가 중요하다. 중요한 메시지를 말할 때 목소리와 제스처는 커야 하고, 화난 듯한 표정을 더해야 청중이 메시지의 중요함을 느낀다고 믿었다. 외교관인 타리크 아지즈 외무장관보다 문화적 차이에 대한 이해도가 낮았던 후세인의 이복동생은 차분하게 낮은 목소리로 말하는 제임스 베이커 국무장관을 '중요한 메시지를 말한다'라고 인식하지 않은 것이다. 이렇게 문화적 차이에서 오는 소통의 오류는 비일비재하다.

　문화적인 차이를 이해하는 것은 소통에 도움이 된다. 대륙별, 국가별 서로 다른 문화에 근거한 커뮤니케이션 방식을 이해한다면, 상대방의 메시지를 정확히 알아듣고, 나의 메시지를 오류 없이 전달하는 데 도움이 된다. 하지만 문화적 차이를 이해한다고 해서 협상의 목표를 달성하진 못한다. 모든 문화적인 차이를 물리적으로 이해할 수 없을 뿐 아니라 맥락의 차이는 언어나 국가의 차이에서만 오는 것이 아니기 때문이다. 미국 안에서도 다문화 도시인 뉴욕은 텍사스에 비해 저맥락 사회로 분류된다. 같은 언어를 쓰는 사회에서도 과학기술 커뮤니티는 문화예술계보다 상대적으로 저맥락 커뮤니티라 볼 수 있다. 맥락의 차이는 언어, 역사뿐 아니라 커뮤니티 구성원의 다양성과 업계의 특징 등 별도의 차이에서도 발생하며 또한 진화한다. 문화적 차이가 적은 집단 간의 협상에서도 서로가 협상 목표를 항상 달성하기 어려운 것처럼 맥락 차이의 이해는 협상에 일부 도움을 줄 순 있지만 핵심적인 요소가 될 수는 없다. 맥락의 차이는 상대적인 개념이고, 그 개념은 진화한다.

저맥락 소통법

모든 문화를 알 수 없다면 소통의 오류부터 피해 보자. 맥락의 차이를 뛰어넘는 소통 방식은 '저맥락 커뮤니케이션(Low Context Communication)'이다. 명확한 단어와 표현으로 누구나 같은 내용으로 이해할 수 있어야 한다. 앞뒤 맥락을 몰라도 상대방이 정확히 메시지를 전달받도록 소통해야 한다. 세 가지 저맥락 소통법을 알아보자.

첫째, 명확하게 전달하라. 내가 무슨 말을 했는지보다 상대방이 어떻게 이해했는지가 중요하다. 쉬운 표현으로 명확하게, 천천히 말하라. 너무 길다면 짧게 한 문장씩 끊어서 상대방이 이해하며 따라오는지 확인해야 한다. 중요한 질문을 하거나 제안할 때 천천히 또박또박 반복해서 전달해도 좋다.

- 자, 저희가 지금부터 매우 중요한 말씀을 드리고자 합니다.
  (2초 정도 침묵하며 상대방이 집중하는지 확인)

- 지금까지의 대화를 복기해 보니 양측의 주요한 입장 차이는 제품의 생산 리드타임이라고 생각합니다. (무엇이 중요한지 강조)

- 연간매출액 20억 원을 보증해 주시고 이번 주 안에 서면으로 발주가 나오는 것을 전제로 8월 31일까지 첫 물량인 10만 개

의 생산을 완료할 수 있도록 하겠습니다. (명확한 제안)

둘째, 우아하고 세련된 미사여구는 피하라. 중요한 내용과 조건이 오가는 상황에 미사여구는 상대방이 핵심 내용을 이해하는 데 도움이 되지 못한다. 때론 메시지에 혼선을 주는 마이너스 요인이 될 뿐이다. 칩 히스(Chip Heath)의 저서 《스틱!(Made to Stick)》에서 소개된 일화를 보자.

냉전시대에 군비 경쟁뿐 아니라 달 탐사는 양보할 수 없는 의제였다. 1961년 케네디 대통령은 미국 라이스대학교를 방문하여 한 연설에서 이렇게 말했다.

— 우리는 달에 가기로 했습니다. 10년 안에 사람을 달에 착륙시키고 무사히 귀국시킬 것입니다.

시간 목표를 포함하여 무엇을 하겠다는 것인지 명확한 표현이라 모호해서 이해하기 힘들거나 뺄 단어가 없다. 누가 읽어도 오해의 소지가 없다. 만약 케네디가 항공우주 기업의 CEO였다면 이렇게 발표했을지 모른다.

— 우리의 사명은 팀 중심적 혁신과 전략적인 주도권 확립을 통해

항공우주 산업 분야에 국제적인 리더가 되는 것이다.

나와 상대방이 서로 다르게 이해해선 안 된다. 대개 본인에게 유리하게 이해하는 모호함은 위험하다 '항공우주산업에서 국제적인 리더'가 되겠다는 제창은 언제 사용해도 이상하지 않은 일반적인 표현이지 않은가.

"이런 말을 드려도 될지 모르겠습니다만…""진작부터 생각해왔던 부분입니다만…" 등의 습관적으로 붙이는 말투도 바람직하지 않다. 핵심을 정확히 전달하려면 무엇을 더할지가 아니라 무엇을 뺄지 고민해야 한다. 언론사에서 독자를 중학교 2학년 학생이라고 생각하고 기사를 쓴다는 얘기를 들었다. 더 쉬운 표현을 사용하고, 어려운 용어는 따로 풀어 소개하여 누구나 기사를 쉽게 이해하도록 하는 이유다.

셋째, 추측과 짐작을 피해라. 가정했던 부분은 협상 테이블에서 반드시 확인해야 한다. 확인 없이 넘겨짚고, 미리 결론을 내서는 안 된다. 정확히 이해한 것이 맞는지, 우선순위가 어떤지, 왜 그런 제안을 하는지도 물어라. 묻지 않고 지레짐작해서는 상대의 가려운 곳을 정확히 긁어 줄 수 없다. 나도, 상대방도 원하는 목표에 도달하기 어렵다. 추측하지 말고 묻고 또 물어야 한다.

> **에이전시** : 이사님 요즘 원자재 가격과 환율 상승으로 인해서 가격 인상이 불가피합니다. 내년 초부터는 공급가가 10% 정도 인상된다는 말씀을 드리려고….
>
> **고객** : (깜짝 놀라며) 예?!! 10%요?!!
>
> **에이전시** : (당황하며) 아, 그렇죠. 10%는 좀 높다고 저희도 생각하고 있습니다. 그래서 상생 차원에서 5% 정도라도….

협상 교육을 받던 리서치 에이전시의 한 참가자와 롤플레이에서 나눈 대화다. 고객은 아무런 피드백을 주지 않았지만, 에이전시는 스스로 10%가 높다고 말하며 5%로 제안을 낮췄다. 가격 인상을 좋아할 고객은 없지만, 정확히 피드백을 듣고 나서 역제안해야 한다. 5%로 인상 폭이 낮아졌으니 고객은 좋아할까? 그렇지 않다. 그렇게 쉽게 낮출 수 있으니 10%가 처음부터 무리한 숫자였다고 생각할 것이다. 추측과 가정으로 결정 내리지 말고 반드시 확인 후에 의견을 정리하는 것이 유용하다. 이런 저맥락 대화를 고려해 보자.

- 어떤 상황이신지 좀 더 자세히 알려 주시겠습니까?

- 어떤 부분이 어려우신지요?

- 의사결정에 영향을 미치는 요소가 무엇이라 생각하십니까?

- 제가 정확히 이해한 것이 맞는지 말씀드려 보겠습니다.

상대방이 어떤 상황인지 가정(Assumption)해 보는 것은 필요하다. 우선순위가 무엇인지, 의사결정에 미치는 요소가 무엇인지, 이번 거래에서 기회가 무엇이고 어떤 부분이 어려우며 제한점이 있는지 만나기 전 단계에서 가정해 보되 커뮤니케이션이 시작되면 질문을 통해서 반드시 확인해야 한다. 추측(Speculation)에서 끝나 물어보지도 않고 스스로 결론을 내리면 안 된다.

문화적 차이 때문에 협상이 어렵다고 말한다. 하지만 정작 협상이 성공하지 못하는 이유는 협상 기술의 부재다. 내가 어느 문화에 속해 있든지 간에 저맥락으로 명확히 소통하고자 하면 적어도 소통의 오류로 인한 실패는 피할 수 있을 것이다.

12
—

선의의 양보는
유니콘이다

상대방의 그리 크지 않은 요구 사항을, 내가 들어줄 여유가 있다면 관계를 위해서 해 주려 하는 편이다.

① 예

② 아니오

만약 답이 ①번이라고 생각했다면 상대방과의 관계를 중요시하나 협상 결과에는 스스로 만족하지 못할 때가 많을 수 있다.

②번을 택했다면 상대방과의 관계보다는 협상은 주고받는 것으로 생각할 가능성이 크다.

협상하는 이유가 무엇인가? 협상 이전보다 더 나은 결과를 도

끝까지 그가 이겼다고 믿게 하라

모하고자 하는 것이 목적이다. 조건 없이 선의를 베푸는 행동은 협상이 아니다. 어려운 친구에게 도움을 줄 때나, 동료의 개인적인 부탁을 들어주는 것을 협상이라 부르지 않는 이유는 도와주면서 상대방에게 반대급부를 기대하지 않기 때문이다.

덜 중요한 것을 내주고, 더 중요한 것을 가져오는 교환의 과정인 협상에서 선의의 양보, 즉 조건 없는 양보란 없다. 상대방에게서 받아 오는 조건과 내어주는 양보가 동시에 일어나야 한다.

- 중식비 50% 인상
- 비과세 출장 수당 신설 : 2만 5,000원(건당/통행료와 주차비 포함)
- 세차비 실비청구 한도 30% 인상

최근 노사협상을 다루는 협상 실습의 일부 내용이다. 노측이 앞에서와 같은 세 개의 요구 사항을 서면으로 전달하고, 양측이 만나서 다음과 같은 대화를 나눴다.

> **노측** : 우리가 요구한 세 가지 항목에 대한 답변을 주시죠.
> **사측** : 아, 저희가 검토하면서 보니 중식비 50% 인상은 이미 계획하고 있던 항목이라서 긍정적으로 고려할 수 있겠습니다. 다

른 두 가지 항목에 대해서 심도 있게 논의하시죠.

사측 입장에선 중식비 인상 계획이 있었으니 나머지 두 개 항목만 협상의 대상으로 삼았다. 중식비 인상은 선의의 양보가 된 것이다. 중식비 인상을 아무 조건 없이 내어준 사측은 목표 달성에 불리해질 수밖에 없다. 조건과 양보를 주고받는 교환과정에서 하나를 이미 주고 시작했고, 노측은 조건 없이 받은 중식비 항목은 잡은 물고기이니 어망에 넣고 나머지 두 개 항목에 집중할 것이다. 중식비 인상을 양보받았다고 다른 항목을 양보할 생각은 없다. 조건 없이 받았으니까. 사측이 선의의 양보를 하지 않았다면 이렇게 얘기할 수 있었을 것이다.

사측: 검토해 보니 예산상 세 가지를 모두 수용할 수는 없습니다. 세차비 항목을 포기하고 비과세 출장 수당을 1만 5,000원에 합의하면 중식비는 50% 인상 요구를 수용할 용의가 있습니다.

상대방과의 관계 유지는 중요하다. 하지만 자신에게 냉정하게 물어보자. 선의의 양보가 반복되지는 않은지, 협상이 끝나면 후회가 밀려오는지, 나만 양보하는 것 같은 기분이 든다면 당신은 과도하게 비싼 관계를 유지하는 것일 수 있다. 상대방과의 기본

끝까지 그가 이겼다고 믿게 하라

적인 신뢰관계를 뜻하는 라포르(Rapport)를 형성하는 것은 비즈니스의 대화를 유연하게 해 주는 효과가 있다. 특히 거래의 초기 단계나 담당자가 바뀌었을 때 라포르의 형성이 더욱 중요하다. 제니스 내들러(Janice Nadler) 노스웨스턴대 교수는 라포르에 대해 "조화와 친밀감을 통해 서로에게 가지는 긍정적 감정 상태로, 라포르를 구축하면 자신과 상대가 잘 맞는다고 생각해 상대와의 교류에 깊은 관심을 가지게 된다"라고 표현했다.

라포르는 최소의 신뢰를 구축하고, 관심을 유발하며, 정보가 원활하게 교환되는 건설적인 관계로 나가는 데 도움을 준다. 관계를 중시하는 고맥락 문화인 한국에선 더욱 라포르 형성에 공을 들인다. 라포르를 쌓는다는 명분으로 잠재적 바이어에게 저녁 한 번 대접하며 개인적인 이야기를 할 수 있을 정도의 관계를 구축하는 것은 정보를 수집하는 데 도움이 된다.

라포르 형성은 바람직하나 투자는 제한적이어야 한다. 라포르의 구축과 선의의 양보를 구분하는 기준은 '반대급부의 기대치'다. '이걸 해 주면 상대방도 나에게 보답하겠지'의 기대치가 답이다. 커피 한 잔을 사 준다고 상대방이 비즈니스 기회를 몰아줄 거라 기대하지 않는다. 그런데 그 횟수가 잦아지고 금액이 점점 커져 고급 와인과 싱글몰트 위스키를 몇 병씩 대접해 수백만 원의 비용을 쓰게 된다면 어느 시점부터는 불편한 생각이 든다. '이

러다가 우리 제품 안 쓰면 큰일 나는데…'라는 생각이 들 것이다. '상대방이 답례하지 않아도 차분한 감정을 유지할 수 있을 만큼' 이 내가 라포르 형성에 투자할 수 있는 한도다.

필자의 경험에 비추어 보면 라포르 형성의 범주에 들어가는 것은 다음과 같다. 생일을 기억하고, 어떤 관심사와 취미를 가졌는지 기억하고, 고향, 학교와 같이 공유할 점을 찾아 동질감을 느끼게 하는 활동에 높지 않은 비용이 수반되는 음료와 음식 제공 등이다. 생일에 책과 같은 작은 선물을 하고, 응원하는 스포츠 구단의 성과를 공유하며 축하하고, 내 개인의 이야기를 나누는 것도 좋은 방법이다

관계는 중요하지만, 비즈니스를 결정하지 않는다. 상대방은 나와의 관계가 좋아서 거래하는 것이 아니다. 비즈니스는 양측 모두의 목표를 이루기 위한 활동이고, 특히 협상은 작은 것이든, 큰 것이든 비슷한 가치의 조건과 양보를 끊임없이 교환하는 과정이다. '교환'이 없는 선의의 양보는 상대방에게 '호의'로 인식된다. 협상에서 조건 없는 양보란 유니콘과 같이 현실에 존재하지 않는 것이다.

협상은 상대에게 당신에 대한 호의나,
당신이 원하는 것을 얻어 내는 행위다.

———————

허브 코헨

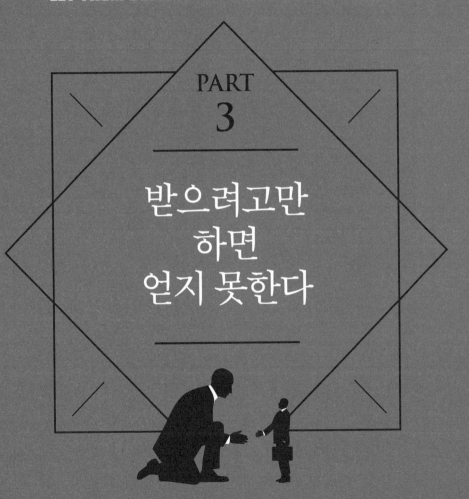

LET THEM BELIEVE THEY WON UNTIL THE END

PART
3

받으려고만
하면
얻지 못한다

13

먼저 제안하는 쪽이
유리하다

바쁘게 일하고 있는 어느 오후 최진욱 부장은 아내에게 전화를 받았다.

> **아내** : 아들 생일선물 이미 사 놓았지? 지유가 엄청나게 기대하고 있네.
>
> **최 부장** : (안 놀란 척하며) 어엇, 그럼 이미 사서 갖고 있지.
>
> **아내** : 그래, 그럼 이따 식당에서 만나.

아들의 생일선물을 미리 사기로 한 약속을 깜빡했다. 시계를 보니 두 시간밖에 남지 않았다. 아들이 가지고 싶은 게임기와 타이틀을 사러 근처 용산 전자상가로 갔다. 첫 번째 가게에서 가격을 물어보니 '28만 원'이다. 좀 비싼 것 같다고 생각하면서 다른 곳에 들러 물어보니 '25만 원'이고 재고가 딱 하나 남았다고 한다. 웬걸. 무려 3만 원이나 더 싼 것이 아닌가? 그러고 보니 두 번째 가게 주인은 인상도 신뢰할 만한 것 같다. 조금 깎아 달라고 하니 24만 원에 준다. 첫 번째 가게는 바가지를 씌우는 곳이라 생각하며 기쁜 마음으로 두 번째 가게에서 게임기와 타이틀을 사서 생일 식사 장소로 갔다. 선물 받은 아들이 너무 좋아하니 최 부장의 마음도 뿌듯했다. 아들도 좋아하고 또 싸게 산 것 같으니 말이다. 아내가 물었다.

아내 : 사 오느라 수고했네. 그런데 얼마에 산 거야?

최 부장 : 응, 내가 발품을 많이 팔아서 24만 원에 샀지. 다른 가게는 글쎄 28만 원에 파는 거 있지?

아내 : 어? 이거 22만 원에들 샀다고 하던데? 잘 알아보고 산 거 맞아?

최 부장 : (약간 당황하며) 아, 아냐 그럴 리 없어 무조건 싸게 산 건데….

아내 : (어딘가 전화를 걸더니) 아이고 서진이 엄마는 용산에서 22만 원에 샀다는데 어디서 산 거야? 쯧쯧

최 부장 : ….

최 부장이 놓친 것은 무엇일까? 왜 그는 다른 가게를 더 가 보거나, 용산 이외의 채널에서의 가격을 확인하지 못했을까? 첫 번째 가게보다 싸게 샀다는 사실이 너무 중요하게 다가왔기에 객관적으로 싸게 산 것인지 생각할 필요가 없다고 느낀 것이다. 심리학 용어로 '앵커링편향(Anchoring Bias)', 즉 기준점편향에 빠졌기 때문이다.

앵커링편향이란 우리가 어떤 주제에 대해 처음으로 주어진 정보에 크게 의존하게 만드는 인지편향(Cognitive Bias)이다. 계획을 세우거나 추정할 때, 우리는 새로운 정보를 객관적으로 보기보다는 첫 번째 정보를 기준으로 해석하게 된다. 앵커링편향은 판단을 왜곡시킬 수 있고 객관적인 정보를 의사결정에 반영하는 것을 방해하기도 한다. 사람들이 비논리적인 추론으로 잘못된 판단을 하게 되는 것과 같다.

처음 주어진 정보에 크게 의존하는 앵커링편향

협상에서 상대가 앵커링편향에 빠지게 역으로 활용할 수도 있다. 선제적 제안을 하며 부르는 숫자가 협상 용어로 '앵커링효과(Anchoring Effect)', 즉 '정박효과'라고 한다. 상대에게 기준점을 제

끝까지 그가 이겼다고 믿게 하라

시하여, 첫 제안 지점에서 멀지 않은 선에서 합의할 가능성을 활용하는 방법이다.

억만장자가 자신의 신분을 속이고 90일 안에 100달러의 자본금으로 100만 달러를 만드는 도전을 하는 미국 리얼리티 프로그램 〈언더커버 빌리어네어(Undercover Billionaire)〉에서 주인공 글렌 스턴스(Glenn Sterns)는 중고차를 수리한 뒤 재판매하는 협상을 한다. 8,900달러를 목표로 생각한 글렌은 구매자에게 8,900달러를 목표대로 제안했고 상대방은 7,000달러를 역제안해서 결국 7,600달러에 합의한다. 판매자는 1,300달러를 깎았고, 구매자는 최초 제안에서 600달러를 올렸으니 구매자가 앵커링효과를 보게 된 것이다.

글렌이 앵커링효과를 보기 위해선 어떻게 해야 했을까? 8,900달러가 현실적인 목표라는 전제로 상대가 7,000달러로 역제안하더라도 쉽게 큰 폭으로 양보해서는 안 된다. 상대로선 첫 제안 지점에 여유가 많았다고 생각해서 더 깎으려고만 할 것이다. 상대가 7,000달러를 불렀을 때, 200불, 100불, 50불. 20불 순서로 깎는 것이 유리하다. '첫 제안 지점이 과도하지 않았다'라는 인상과, '한계치에 거의 도달하고 있다'라는 인상을 주며 8,500달러 언저리에서 합의될 가능성이 컸을 것이다. 물론 앵커링효과를 보려고 무조건 높은 숫자를 제안해서는 역효과의 리스크에 부딪힐 수 있다. 현실적인 목표지점을 먼저 제안한 뒤, 적은 폭으로 조정하는 것이 바람직하다.

스스로와의 협상, 즉 목표를 설정하고 실천하는 계획을 세울 때도 앵커링편향을 주체적으로 활용하여 앵커링효과를 기대할 수도 있다.

휴대폰의 피트니스 앱에서 매일 걷는 걸음 수의 목표를 설정한다고 생각해 보자. 매일 걸어야 하는 목표치를 5,000보로 책정했을 때와 3,000보로 책정했을 때 어떻게 다른 결과가 나올까? 늦은 오후 시간에 앱의 걸음 수를 확인했더니 4,100보를 걸었고 다음과 같이 표기되었다고 해 보자.

[A] 4,100/5,000보

[B] 4,100/3,000보

A와 B 중 어느 상황에서 '오늘 더 걸어야겠구나'라고 생각하게 될까? 아마 목표를 초과 달성한 것으로 보여 주는 B의 상황보다는 '목표 달성에는 조금 미치지 못했다'라고 보여 주는 A의 상황에서 몸을 일으켜 운동화를 신을 가능성이 커진다. 스스로 조금 더 높은 목표를 설정했을 때 결과가 달라질 수 있는 예시다.

심리학자 아모스 트버스키(Amos Tversky)와 대니얼 카너먼

(Daniel Kahneman)은 두 그룹의 고등학생을 대상으로 한 실험에서 각각 다음의 숫자를 보여 주며 몇 초 안에 빨리 암산하여 대답하도록 했다. 여러분도 계산기 없이 암산으로만 빨리 계산해서 5초 안에 답해 보자.

[A] $8 \times 7 \times 6 \times 5 \times 4 \times 3 \times 2 \times 1 = ?$

[B] $1 \times 2 \times 3 \times 4 \times 5 \times 6 \times 7 \times 8 = ?$

A그룹과 B그룹의 정답은 40,320으로 같다. 실험 결과 A그룹 답변의 중간값은 2,250으로 B그룹 답변의 중간값인 512와 큰 차이를 보였다. 트버스키와 카너먼은 그룹 간의 답변에 큰 차이가 생긴 것은 처음 보이는 몇 가지의 숫자 때문이라고 했다. 8에서 시작했을 때 보이는 숫자인 5, 6, 7, 8을 곱했을 때와 1에서 시작했을 때 보이는 1, 2, 3, 4를 곱했을 때가 다른 결괏값이, 결국 기준이 되는 앵커링의 역할을 한 것이다.

먼저 제안해 보시죠(Make me an offer)

앵커링효과를 이제 이해했다면 앞의 문장에 어떤 문제가 있는지 알아야 한다. 앵커링효과를 활용하기 위해선, 즉 첫 정보 또는 첫 숫자로 상대에게 앵커링편향을 일으키게 하려면 선제적으로 제안해야 한다. 먼저 제안해 보라는 요청은 상대에게 "제가 앵커링편향에 빠질 수 있도록 도와주시겠어요"와 같다고 해도 지나치지 않다. "몇 % 정도 생각하시나요?" "어느 정도 생각하는지 알려 주시면 참고하겠습니다" 등의 요청도 마찬가지로 앵커링 기회를 상대에게 넘기는 것과 같다. 앵커링효과를 얻기 위해선 두 가지 조건이 필요하다.

첫 번째, 충분한 정보가 있어야 한다. 시장의 정보, 경쟁사의 정보, 상대와의 거래 이력 등 충분한 정보를 모은 뒤에 상대방의 한계치에 가깝다고 판단되는 지점으로 제안해야 한다. 중고차를 팔 때 가격을 부르려면 비슷한 모델 가격의 최저, 최고가격뿐만 아니라 유사 모델의 가격 정보까지 알면 더 도움이 되는 것과 같다. 또한 정찰제가 아닌 시장에서 물건을 살 때도 한 곳에서 결정하는 것이 아니라 여러 군데의 가격을 모아야 하는 것과 같다. 정보가 충분하지 않고 모으기 어려운 상황이라면 상대방에게 먼저 제안을 요청하는 것이 오히려 안전하다. 시장에서 처음 보는 청바지 가격을 먼저 부를 수 없으니 가격을 확인해야 하겠지만, 같은 청바지를 파는 가게 세 곳의 다른 가격을 확인했다면 내가 먼저 제안해 볼 만한 정보는 충분하다.

두 번째, 비현실적인 지점으로 제안하는 것은 금물이다. 좋은 제안의 요건은 내가 하는 제안이 상대의 니즈에 부합되어야 하는 것과 근거를 설명할 수 있어야 하는 점이다. 근거도 없이 과도한 수치를 제안하면 오히려 상대방의 감정을 건드려 협상이 결렬될 리스크가 높아진다. 노사협상에서 임금인상률의 현실적 목표가 4.5%이지만 9%에서 시작한다면 앵커링이 아닌 하이볼 전략이다. 사는 측에선 로우볼 전략을 쓰기도 하는데 10만 원에 살 수도 있지만 3만 원부터 시작하는 로우볼 전략은 하이볼과 마찬가지로 앵커링이 아니며 바람직하지도 않다. 비현실적인 앵커링은 역효과를 부른다. 불신을 일으키며 오히려 상대방도 반대급부의 비현실적인 제안을 하게 만든다. 현실적인 앵커링으로 시작하여 조금씩 조정하는 방법이 타결의 가능성을 높여 준다. 앵커링을 하기 전에 이렇게 준비해 보자. '당신이 하는 제안의 근거가 무엇인가'라는 질문에 어떻게 대답할 수 있을지 미리 고민해 보자. 논거와 근거가 충분하지 않으면 앵커링이 아니라 하이볼이니 제안을 조정해야 한다.

행동경제학의 창시자인 프린스턴대학교의 대니얼 카너먼 교수의 저서 《생각에 관한 생각(Thinking, Fast and Slow)》에서 소개한 앵커링효과의 사례를 보자. 샌프란시스코의 과학관을 찾은 방문객 대상으로 실험을 했다. 태평양 연안의 유조선에서 유출된 기름으로부터 바닷새 5만 마리를 구조하기 위해서 매년 얼마를 기부할 것인지 물었다. 두 개의 그룹으로 나눠 5달러를 기부하겠냐고 물었던 그룹에선 평균 20달러를 기부하겠다고 한 반면, 400달러를 기부하겠냐고 물은 그룹에선 평균 143달러를 기부하겠다고 답변한 것이다. 기준점을 제시한 앵커링효과가 결과에 차이를 가져왔다.

선제적 제안을 하기 전 심리적 부담이 드는 것은 자연스럽다. 내가 제안하는 가격이 너무 높아 상대방이 화를 낼까 걱정이거나, 너무 낮아 내 이익을 희생하는 것은 아닌지 걱정이다. 하지만 이 심리적 부담을 이겨 낼 가치가 있을 만큼 앵커링효과가 있다. 사람은 항상 논리적인 결정을 하지 않는다. 닻을 내린 배가 조류에 흘러가지 않는 것처럼 상대의 마음에 닻을 내려 그 언저리에서 합의해 보자.

상대에게 기준점을 먼저 제시하는 앵커링효과로 협상의 결과는 달라질 수 있다. 닻을 내린 배가 조류에 흘러가지 않는 것처럼 상대의 마음에 닻을 내려 첫 제안과 멀지 않은 선에서 합의해 보자.

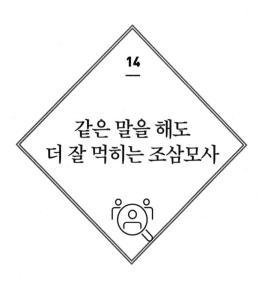

14

같은 말을 해도
더 잘 먹히는 조삼모사

송나라의 저공이라는 인물이 원숭이를 키우면서 그 수가 늘어나니 음식의 양을 조절해야 하는 상황이 됐다. 원숭이들에게 "이제부터 아침에 도토리 3개, 저녁에 4개를 주겠다"라고 했다. 이에 원숭이들이 크게 반발했다. 저공이 "그럼 아침에 4개, 저녁에 3개의 도토리를 주겠다"라고 했더니 원숭이들이 만족했다는 얘기에서 비롯된 고사성어가 조삼모사(朝三暮四)다.

'결과는 매한가지이지만 지금의 차이에 신경 쓰는 상대의 심리'를 뜻하는 말이다. 협상에서도 이 조삼모사가 가능하다. 왜일까?

덜 중요한 것을 내주고 내 요구를 취하는 법

12장에서 언급했듯이 협상에서 선의의 양보란 없다. 협상은 교환의 과정이기에 나의 조건과 양보를 동시에 교환해야 한다. 나에게 덜 중요하거나 유연한 양보를 내주고 나의 요구 조건을 상대방으로부터 가져오는 것이 핵심이다.

협상에서 조삼모사가 가능한 비밀은, 내가 상대방에게 제안하는 조건과 양보의 순서에 있다. 재계약 시 가격을 동결하라는 바이어의 제안에 공급처가 역제안하는 두 가지 예시를 보자.

> **예시 1)** 가격을 동결하겠습니다. 다만 수량을 10% 늘려 주실 수 있을까요?
>
> **예시 2)** 물량을 10% 늘려 주신다면 가격을 동결해 드리겠습니다.

예시 1과 예시 2는 같은 협상 조건의 제안이다. 하지만 예시 2는 상대방인 구매 업체에는 세 가지 이유에서 예시 1에 비해 더 강력하다.

첫 번째, 상대방에게 주도권을 넘기는 질문의 형식보다는 단정적인 문장(Statement)의 형식이 더 강력하다.

두 번째, 상대방이 내 제안에서 던진 조건과 양보를 고민하게 하는 효과가 있다. '물량 10%를 올려주며 가격동결을 얻어 낼 것인가'의 선택지와 '물량을 올려 주기 어려우니 가격동결을 포기해야 하는가'의 선택지 중 고민을 하는 것이다.

세 번째, '손실회피편향(Loss Aversion Bias)'의 이유다. 같은 양의 이득에서 오는 만족감보다 같은 양의 손실이 주는 심리적 충격이 더 크기 때문이다. 서울대 심리학과 최인철 교수는 그의 저서 《프레임 : 나를 바꾸는 심리학의 지혜》에서 대니얼 카너먼 교수의 연구에 따르면 같은 크기의 손실은 이득보다 2.5배 정도 더 큰 영향력을 갖는다고 했다. 상점 두 곳에서 똑같은 휴대폰 케이스를 가격표만 다음과 같이 다르게 붙여 놓았다고 해 보자.

[A상점] 현금가 1만 원 (신용카드 1,000원 추가)

[B상점] 판매가 1만 1,000원 (현금 1,000원 할인)

두 상점 모두 같은 제품을 같은 조건에 판매하고 있다. 현금가 만 원이고, 신용카드는 1만 1,000원에 구매할 수 있지만 가게의 매출은 다를 수 있다. 어느 가게에서 판매가 더 잘 될까? 모든 조건이 같을 경우 B상점이 더 많은 매출을 올릴 가능성이 크다. 소비자로서는 1,000원의 할인이라는 이익을 얻는 즐거움보다

카드 결제 시 1,000원을 추가로 내는 손해를 회피하려는 본능이
더 크기 때문이다.

전달 순서가 손해 프레임을 만든다

다시 구매업체의 입장으로 돌아가자. "가격동결을 고려하겠습니
다"까지 들으면 상대방은 이미 가격동결을 받아 냈다는 생각이
들게 되고, 그 이후에 추가로 물량의 10% 증가라는 조건을 요청
받으면 뭔가 받았다가 빼앗기는 '손해' 프레임의 심리적 효과가
작동한다. '손해' 프레임을 주지 않으려면 내가 거는 조건이 양
보보다 먼저 상대에게 전달되어야 한다. 즉, 상대방에게 내 조건
'해 주시면(If you⋯)'을 먼저 배치한 다음 양보 '해 드리겠다(Then
I will⋯)'를 뒤에 언급하는 순서가 그 반대보다 훨씬 강력하다.

- 계약기간을 연장해 주시면 단가 인하를 고려하겠습니다.
- 오늘 세 개 사시면 가격을 10% 내려 드리겠습니다.
- 신제품 입점을 승인해 주시면 광고 물량을 늘리겠습니다.
- 입사 시기를 당겨 주시면 기본급을 맞춰 드리겠습니다.

아이에게 "게임하고 나서 숙제해야 해"라는 말과 "숙제 마치고 나면(if you…) 게임을 하게 해 줄게(I will…)"라는 말의 순서 차이를 활용하자. 게임 다 하고 난 뒤에 아무리 숙제하라고 불러 봐도 도망 다니는 아들을 쫓아다니기 싫다면. 조건을 먼저 제시한 뒤 양보를 제안하라.

주고받는 기브 앤드 테이크

기브 앤드 테이크(Give & Take)는 '가는 게 있으면 오는 게 있어야
한다'라는 뜻으로 '주고받는 상호작용'을 의미한다.

고객사의 박 팀장이 이동학 부장에게 급히 연락해 왔다.

> **박 팀장** : 이 부장님, 유로모니터 사용하고 계시죠?
>
> **이 부장** : 네. 유로모니터 구독하고 있습니다.
>
> **박 팀장** : 아 잘됐네요. 저희가 좀 급해서 그러는데 A, B, C 제품
> 카테고리별 데이터도 구할 수 있죠?
>
> **이 부장** : 아 네. 자료야 그 안에 있기는 하죠.

박 팀장 : 네, 그 제품군으로 3년 치 시장 동향을 유럽 5개국으로 나눠서 좀 줄 수 있으세요? 독일, 영국, 프랑스, 스페인, 이탈리아 5개국만 있으면 됩니다.

이 부장 : ….

이 부장은 황당하다. 아무리 바이어이고, 데이터를 가지고 있긴 하지만 A, B, C는 공급하지 않는 제품군이라 요청을 들어주어야 할 의무도 없고, 대여섯 시간은 꼬박 걸려야 만들 수 있는 자료이기 때문이다.

'해 줄 의무도 없고 바쁜데… 안 해주면 삐지려나?'
'이번엔 눈 딱 감고 들어주면 다음에 내가 필요할 때 도움을 받을 수 있지 않을까?'

고민하던 이 부장은 결국 해 주기로 했다. 일정을 조정해 작업 시간을 확보하고, 야근까지 해서 자료를 준비하여 고객사 박 팀장에게 보내 주었다. 다음 날 박 팀장에게 연락이 왔다.

박 팀장 : 부장님 정말 고맙습니다. 어떻게 감사를 표시해야 할까요?

이 부장 : 아닙니다. 마침 자료가 다 있어서 다행이죠. 도움 되셨으면 저도 좋습니다.

박 팀장 : 네. 다음에 제가 도와 드릴 일 있으면 알려 주세요. 감사합니다.

몇 주 후 이동학 부장은 대표이사 보고에 경쟁사 정보가 급히 필요하게 되었고, 고객사 박 팀장이 도와줄 수 있겠다고 판단해 연락했다.

이 부장 : 박 팀장님, 어려우시겠지만 D제품의 공급사 조직도를 좀 급히 요청할 수 있을까요?

박 팀장의 답변에 따라 결과는 두 가지로 갈린다.

박 팀장 : 쉽진 않겠지만 여러 경로로 알아보겠습니다. 지난번에 도와주셨는데 저도 빚을 갚아야죠!

이 부장 : (박 팀장은 기브 앤드 테이크를 아는 양반이군) 감사합니다!

해피 엔딩으로 마무리될 수도 있지만 원하는 대로 흘러가지 않을 리스크도 있다.

박 팀장 : 부장님, 죄송하지만 저희도 그런 정보를 요청하기는 어렵습니다.

이 부장 : (기브 앤드 테이크를 모르는 놈이구먼) 아 할 수 없죠. 팀장님.

얻기 위해 주는 기브 투 겟

'기브 투 겟(Give to Get)'은 얻기 위해 준다는 의미다. 협상에서 내가 상대에게 하는 양보와 상대에게 내거는 요구 사항, 즉 조건을 교환하는 것이다. 내가 얻고자 하는 목표를 달성하기 위해 상대가 원하는 것을 내준다. 기브 앤드 테이크는 '기브'와 '테이크' 사이에 시제의 차이가 있는 반면에 '기브 투 겟'은 지금 당장 교환을 시도하기에 시제의 차이가 없다.

박 팀장 : 부장님, 유로모니터 데이터로 유럽 시장 정보 좀 구해주실 수 있을까요?

이 부장 : 그거 여러 부서에 요청도 해야 하고 이번 주에는 제가 일정이 꽉 차 있어서 쉽지는 않겠는데요.

박 팀장 : 그럼 안 되는 걸까요?

이 부장 : 저희 상무님이 요청하신 일과 순서를 조정해야 해서

상무님 승인도 필요하고, 다른 부서 이사님 협조도 필요한 일이라서요. 얼마나 중요하신지요?

박 팀장 : 저희 전무님께서 급히 요청하신 일이라서 중요하긴 합니다.

이 부장 : 그러시군요. 그럼 혹시 새로 하시는 프로젝트 개요 정보를 공유해 주실 수 있으세요? 그 정보로 저희 상무님께 책임지고 승인을 받고 오늘 밤까지 드릴 수 있을 것 같습니다. 상무님이 관심 있는 프로젝트라서 일이 아주 수월해질 듯합니다.

박 팀장 : 아 그렇군요. 저도 어렵지 않게 드릴 수 있을 것 같습니다.

기브 앤드 테이크를 기대하며 먼저 양보하고 '나중에 알아서 잘 해주겠지'라고 한다면 순진한 생각이다. 상대방은 '해 줄 수 있으니 해 주는 것'이라 생각하고 금세 잊을 뿐이다. 시제에 차이가 있는 기브 앤드 테이크에는 리스크가 있다. 지금 동시에 교환하는 기브 투 겟은 리스크가 없다.

교환은 협상의 여정 전체에서 일어난다. 협상이 시작되기 전, 주제와 참석자, 장소를 협의할 때부터 교환이 일어난다.

— "그쪽 전무님께서 나오신다면 저희 상무님도 모시고 가겠습

니다.”

“지난번에는 저희가 갔으니 이번에는 저희 사무실에서 뵙죠.”

“이번에는 신제품 논의에 집중하고 제품 컴플레인 건은 다음
에 따로 하기를 제안 드립니다. 동의하시면 저희도 나머지 안
건에 이의 없습니다.”

협상이 시작하면 정보의 기브 투 겟이 활발하다. 정보를 감추고
묻기만 하면 상대도 정보를 공유하기 꺼리기에, 정보도 교환을
통해 주고받아야 한다.

— “우선순위를 알려 주시면 저희도 말씀드리겠습니다.”

“이번 협상이 타결되었을 때 귀사에서 기대하시는 바를 가감
없이 말씀해 주시면 저희도 더 허심탄회하게 말씀드릴 수 있
습니다.”

“저희로서 가장 큰 걱정을 솔직히 알려 드리려고 하는데 팀장
님도 허심탄회하게 말씀해 주시겠습니까?”

본격적인 기브 투 겟 교환은 제안 단계에서 본격적으로 일어나
며 진전을 이룬다.

— "가격을 5% 낮춰 주신다면 계약기간을 1년 더 늘릴 수 있습니다."

"결제 조건을 좀 더 짧게 해 주시면 가격에 대해선 유연하게 고민하겠습니다."

"TV와 김치냉장고, 세탁기와 건조기까지 모두 사시면 공기청정기 진열제품을 무료로 드리겠습니다."

"영업 차량 사용기간을 3년에서 4년으로 늘리는 데 동의한다면 건강검진 한도를 증액할 수 있습니다."

기브 투 겟의 핵심은 주고받는 교환이 동시에 일어나는 것이다. 상대방의 요구를 들어주되 내 조건을 붙여 양측의 목표를 달성할 가능성을 높이는 형식이다. 상대의 제안을 받아들이기 어려울 때, '불가능합니다'라고 거절하는 것도, 무조건 양보하며 나의 이익을 희생하는 것도 모두 윈-루즈일 뿐이다. 지속할 수 없기 때문이다. 상대가 원하는 것을 양보하여 내주되 내 조건을 붙여 교환하는 기브 투 겟의 형태는 Win-Lose의 리스크를 없애는 윈-윈의 방법이다.

16
—

협상에서 신의 한 수는
위시리스트다

3장에서 목표를 설정할 때 덜 중요한 항목을 위시리스트로 분류한다고 했다. 오늘 협상에서 반드시 달성해야 할 주요 항목이 아닌 위시리스트는 '중요하지 않은, 달성하면 좋은(Good to have)' 목표 항목이라고 생각할 수 있다. 하지만 위시리스트에는 반전이 숨어 있다.

위시리스트의 반전

〈스토브리그〉라는 드라마에서 드림즈라는 프로야구 꼴찌 구단에 단장으로 새롭게 부임한 백승수 단장(남궁민 분)은 드림즈에서

끝까지 그가 이겼다고 믿게 하라

바이킹스로 옮긴 투수 강두기(하도권 분)를 다시 데려오려 한다. 인성 논란이 있는 4번 타자 임동규(조한선 분)와 트레이드를 할 계획이다. 국가대표 1순위인 강두기는 임동규와 절대적인 몸값에도 차이가 있어 드림즈의 프런트 직원들조차 이 트레이드가 성사될지 의아해하지만, 백승수 단장은 자신이 있다.

드림즈의 백 단장과 바이킹스의 단장이 만났다.

> **바이킹스 단장 :** 아니 아무리 임동규라도 강두기를 어떻게 드립니까? 국가대표 에이스에요.
> **드림즈 단장 :** 강두기 선수가 세이버스 상대로 방어율이 4점대죠. 임동규 선수가 세이버스 상대로 타율이⋯.
> **바이킹스 단장 :** 아유 그래요. 그래. 4할 2푼이요⋯.

드림즈의 백 단장은 보내고자 하는 임동규 선수가 상대 팀인 바이킹스로 옮기면 어떤 역할을 할 수 있는지 강조했다. 내가 양보하는 임동규 선수가 상대 팀인 바이킹스가 고전하고 있는 세이버스 상대로 좋은 성과를 보이는 점을 강조하는 가치양보라 볼 수 있다. 가치양보를 통해서 협상 대화에 진전이 생기자 바이킹스의 단장이 새로운 요구 항목을 꺼낸다.

바이킹스 단장 : 그럼 그 대신 (임동규와 강두기를 교환하는 대신) 손승민 선수까지 주셔야 합니다.

드림즈 단장 : 예. 김관식 주시면요.

바이킹스 단장 : 나 이런….

결국 드림즈의 백 단장은 임동규와 강두기를 목표대로 트레이드 할 수 있었다. 김관식 선수는 드림즈 입장에선 반드시 성사돼야 하는 주요 목표 항목이 아닌 위시리스트였지만 강두기 선수라는 큰 목표를 달성하기 위해 상대와의 견해 차이를 메꿔 주는 역할을 했다. 바이킹스 구단으로서도 손승민 선수는 위시리스트였지만, 임동규 선수를 데려오는 데 있어 견해 차이를 좁히는 역할을 했다.

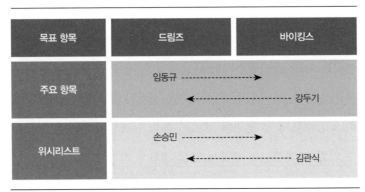

드림즈와 바이킹스의 트레이드

위시리스트를 준비해야 하는 이유

위시리스트는 협상 타결에 매우 중요한 역할을 하지만 협상 중에 위시리스트를 생각해 내기는 불가능하다. 상대방의 이야기를 들으면서도 할 말을 생각하며 감정이 흔들리지 않도록 집중하느라 바쁜 와중에 새로운 위시리스트를 생각해 낼 수 없다. 협상 전에 미리 두 가지 이상의 위시리스트를 준비해야 하는 이유다.

다음 그림에서 보듯이 나에게는 가치가 있지만 상대에게는 비용이 많이 들지 않아야 가치를 창조하는 바람직한 위시리스트다. 상대에게는 높은 비용이 발생하면서 나에게 가치도 없다면 가치

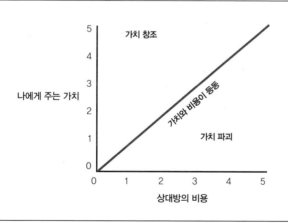

위시리스트 – 가치 vs 비용

를 파괴하는 위시리스트이기에 교환이 일어나지 않을 것이다. 5점 만점으로 수치화했을 때 나에게 주는 가치점수에서 상대방에게 소요되는 비용점수를 빼고 남은 점수가 클수록 유용한 위시리스트라 보면 된다. 위시리스트를 사전에 준비하면 가장 좋겠지만 협상에서 예측하지 못한 일은 항상 일어날 수 있다. 즉석에서 교환을 할 만한 요구 사항이 떠오르지 않을 때는 시간변수(Time Variables)를 위시리스트로서 활용할 수 있다. 시간을 활용한 변수가 협상 항목이 되는 예시를 참고하고 나만의 위시리스트를 만들어 보자.

계약기간

결제 기일

배송 기일

환율 적용 기준 (최근 3개월, 6개월 등)

계약 시작 및 종료 시점

가격 인상 시점

가격 인상 전 유예 기간

워런티 기간 및 시작 시점

견적서 유효 기간

할인 적용 기간

특별 조건 확약 시한

재고 할당 확정 시한

가격 인상 주기

협상 미팅 시간 및 시간대(Time Zone)

답변 시한

기간 종료 후 자동연장 기간(3년 + 2년 자동연장 등)

연간 인상 조건 (첫 2년 만료 후 매년 5% 자동인상 등)

기간 종료 후 우선협상 대상 유지 기간

렌트 프리

공급처 : 저희의 공급가는 10만 2,000원으로 제안 드립니다.

바이어 : 저희가 드릴 수 있는 단가는 10만 원을 넘지는 못합니다. 2,000원 차이니 맞춰 주시죠.

공급처 : 그럼 계약기간을 2년에서 3개월만 늘려서 12월 31일에 끝나는 것으로 해 주실 수 있을까요? 24개월에서 27개월로 연장해 주시면 10만 원에 맞춰 드리겠습니다.

바이어 : 3개월 정도는 가능할 것 같습니다. 그렇게 하시죠.

'계약기간 3개월 연장'은 공급처 입장에서 핵심 목표가 아닌 위시리스트지만 '공급 단가 2,000원 인하'라는 양보 항목과 교환할 수 있었다. 핵심 항목이 아닌 위시리스트가 최종 합의를 이루는 중요한 역할을 한다. 준비 단계에서 나에게 중요한 가치와 상대방에게 드는 비용 간의 상관관계를 반드시 따져서 미리 준비하면 위시리스트의 반전을 경험할 것이다.

17

모양은 달라도
결국 바나나

어렵게 준비한 나의 제안이 거절당하는 이유는 결국 두 가지다.
형태(Shape)가 맞지 않거나 충분하지 않은 이유 때문이다. 이 중
형태가 맞지 않을 때는 리패키지(Repackage), 충분하지 않을 때는
바게닝(Bargaining), 즉 '얻기 위해 주기(Give To Get)'를 해야 한다.

리패키지 방법

일반적으로 조직의 이해관계자의 승인과 동의를 거친 이후에 제
안하지만 상대편은 이제부터 이해관계자와 조율(Alignment)을 거
쳐야 한다. 조직의 경우 부서마다 입장이 조금씩 달라서 같은 사

안을 보는 시각의 차이가 있을 수 있다. 내 제안이 거절당했다면 거절의 이유가 무엇인지 정확히 이해해야 한다. 결제기일인지, 단가인지, 서비스의 범위인지 계약 시작일인지 이유를 알 수 있다면 상대방의 가려운 곳(Pain Points)을 해결하는 역제안을 구성할 수 있다.

> **공급처** : 저희는 수량 5만 개 기준 2만 5,000원, 결제 조건 60일 그리고 샘플 무상 지원 1%인 500개에 워런티 기간은 1년으로 제안 드립니다.
>
> **바이어** : 저희는 샘플 무상 지원은 2%인 1,000개는 되어야 합니다.
>
> **공급처** : 저희도 정책상 무상 지원은 1%가 최대치인데 조정이 어려울까요?
>
> **바이어** : 죄송하지만 1,000개가 되지 않으면 계약이 어렵습니다.

협상 교육에 참여했던 참가자가 공유해 준 실제 사례다. 당신이 공급처라면 이럴 때 어떻게 대응할 것인지 생각해 보자.

① 샘플 무상 지원율을 1%와 2%와 중간 지점인 1.5%로 제안한다.
② 정말 어렵다고 읍소하며 거절한다.

③ 협상이 결렬될 수도 있으니 2% 지원 요청을 수락한다.

세 가지 답변 모두 추가 양보를 해 공급처의 이익을 희생하거나, 협상이 결렬되는 리스크를 동반하는 결론이었다. 참가자는 리패키지라는 방법으로 협상을 해결할 수 있었다.

> **바이어** : 샘플 무상 지원은 2%인 1,000개는 되어야 합니다.
>
> **공급처** : 샘플 지원이 반드시 2%인 이유가 무엇인지 알려 주시겠습니까?
>
> **바이어** : 샘플을 전국 영업소에 배치하고 직원 교육에 필요한 수량이라 반드시 1,000개가 필요합니다.
>
> **공급처** : 아, 그럼 지원율보다 수량 1,000개가 중요하신 거죠?
>
> **바이어** : 네. 지원율과 관계없이 1,000개가 되어야 합니다.
>
> **공급처** : 동일 제품을 추가로 주문하셔도 샘플은 1,000개까지만 지원하는 것에 동의하시면 이번에는 저희 샘플 무상 지원율보다 높게 드릴 수 있습니다.
>
> **바이어** : 어차피 지속해서 사용할 제품이니 가능할 것 같은데, 이번에 5만 개 주문하면 1,000개 샘플 지원해 주시는 것 맞죠?
>
> **공급처** : 네. 추가 주문이 나와도 샘플 지원은 1,000개 이후에는 없다는 조건에 동의하시면 저희도 좋습니다.

주문 수량	샘플 지원	무상샘플 지원율	샘플 지원 정책 대비 (1%)
5만 개	1,000개	2.0%	1% 손해
10만 개	1,000개	1.0%	동등
15만 개	1,000개	0.7%	0.3% 이익

공급처가 할 수 있는 무상 지원율 1%와 상대가 원하는 2%는 입장의 차이가 있다. 하지만 고객사엔 샘플 지원율이 아니라 1,000개의 수량이 중요하다. 게다가 일회성의 수량인 1,000개가 필요하다는 정보를 알게 되었으니 베팅할 수 있다. 동일 제품의 주문이 앞으로 10만 개가 나온다면 지원율이 1%가 되어 공급처 정책과 일치하게 되고, 그 이후 수량부터는 오히려 샘플 지원을 1% 정책보다 덜 하게 되어 이익이다. 상대가 원하는 형태를 찾아서 가려운 곳을 해결하며 내 목표를 달성할 수 있는 리패키지 방법이다. 총비용을 늘리지 않으면서 협상 항목 간의 조정을 통해 상대방이 원하는 형태를 맞추면서 합의하는 방법을 리패키지라 한다. 나로선 전체 비용이 늘어나지 않으면서 상대방의 가려운 곳, 거절된 이유를 해결할 수 있는 역제안의 방법이다.

리패키지를 위한 유용한 질문

리패키지를 하기 위해선 상대방의 상황을 더욱 잘 이해해야 하며 다음과 같은 질문이 유용하다.

- 우선순위가 어떻게 되나요?
- A보다는 B가 중요하신 게 맞는 거죠?
- 어떤 부분이 마음에 안 드시나요?
- 어떻게 하면 우리가 합의점을 찾을 수 있을까요?
- 어떤 부분이 불편하신지요?
- 그럼 이 부분은 그래도 만족하신다고 이해해도 될까요?

최유리 이사는 워크숍 행사를 위해 호텔 예약을 하려고 한다. 점심과 저녁 두 개의 워크숍 행사를 대관할 수 있는 장소를 찾고 있다.

> **최 이사** : 네 시간 기준과 여덟 시간 기준으로 대연회장 사용 비용을 알려 주시겠어요?
>
> **호텔 매니저** : 네 시간 기준은 식사비 제외하고 400만 원이고 여덟 시간은 600만 원입니다.

최 이사 : 그럼 8월 10일에 점심부터 저녁까지 대연회장을 8시간 예약하고 싶은데 예약 가능한가요?

호텔 매니저 : 죄송합니다만 8월 10일에 대연회장은 이미 예약이 되어 있어 전일 예약은 불가합니다.

최 이사 : 아 그렇군요. 안 되겠네요. 알겠습니다.

최유리 이사는 한 장소에서 두 개의 워크숍을 하는 것이 장소를 각각 대여하는 것에 비해 200만 원이 저렴하니 하나의 장소가 가능한지 물었고 안 된다는 답변에 예약을 포기했다. 고객이 네 시간과 여덟 시간 대관 비용을 각각 물어봤다는 사실을 호텔 매니저가 기억한다면, 고객에게 이렇게 물어볼 수 있었을 것이다.

호텔 매니저 : 저녁에는 대연회장 예약이 차 있지만 혹시 점심과 저녁 행사를 나눠 진행하시는 걸까요?

최 이사 : 네. 두 개 워크숍을 진행합니다.

호텔 매니저 : 각각의 행사에 참여하는 인원이 다르다면 알려 주시겠습니까? 저희가 가능한 연회장을 찾아보겠습니다.

최 이사 : 점심엔 100명이고, 저녁엔 40명 정도이긴 해요.

호텔 매니저 : 아, 그러면 고객님 점심에는 대연회장을 사용하시고 저녁에는 40명 수용할 수 있는 소연회장 예약이 가능하니

다. 연회장 대관료 두 곳 합쳐 650만 원이지만 오늘 확정해 주시면 총 600만 원에 맞춰서 예약해 드릴 수 있습니다.

최 이사 : 그렇군요. 그럼 예약할게요!

고객이 거절할 때 협상을 포기할 것인가? 아니면 상대방이 원하는 형태로 맞춰 가려운 부분을 해결하며 내 목표를 달성하는 합의점을 찾을 것인가?

상대방이 바나나를 좋아하는 줄 알고, 껍질 채로 예쁜 접시에 담아 준비했는데 상대방은 거절한다. 그러나 그는 바나나 자체를 거절하는 것이 아니라 다른 형태를 원하는 것일 수 있다. 그가 원하는 바나나의 형태가 까서 먹기 좋게 잘라 놓은 바나나이거나 덜 익은 바나나라면 맞춰서 주면 될 일이다. 나의 목표를 달성할 수만 있다면 바나나로 우유를 만들어 주지 못할 이유가 있겠는가.

상대방이 바나나를 좋아하는 줄 알고 준비했는데 거절한다고 포기해선 안 된다. 상대방은 바나나 자체를 싫어하는 것이 아니라 다른 형태를 원하는 것일 수 있기 때문이다. 상대가 원하는 바나나의 형태가 먹기 좋게 잘라 놓은 바나나이거나 바나나로 만든 우유이든 맞춰서 주면 된다. 마찬가지로 고객이 거절할 때 상대방이 원하는 형태로 맞춰 준다면 내 목표를 달성하는 합의점을 찾을 수 있다.

18

깔때기가 아닌
실린더로 협상하라

협상과 흥정

퇴근길에 딸기 한 팩을 사 오라는 아내의 말을 듣고 과일 노점상
에 들러 물어보니 딸기가 한 팩에 1만 1,000원이란다. 과일값이
많이 올랐다고 생각하며 값을 깎아 보려고 말을 건다.

> 나 : 딸기 상태가 좋은 편은 아닌데 9,000원에 해 주세요
>
> 주인 : 요즘 딸기 값이 많이 올라서 그래요. 500원 빼 드릴게요.
> 1만 500원 주세요
>
> 나 : 현금이 모자라서 그런데 9,500원에 주시면 안 될까요?
>
> 주인 : 카드도 받습니다. 1만 원에 가져가요. (주인은 포장하기 시작

한다.)

두 사람은 협상하고 있지 않다. 흥정하는 중이다. 흥정(Haggling)
은 단 하나의 항목을 놓고 상대와 조율하며 중간에서 만나는 타
협이다. '딸기 한 팩의 단가' 한 가지를 놓고 줄다리기한 결과가
만 원이라면 상대가 제시한 1만 1,000원보다는 낮지만, 나의 목
표인 9,000보다는 비싸게 사는 결과다. 흥정을 통해선 원하는 목
표 일부만 얻을 수 있다.

흥정 [명사]

1. 물건을 사고팖.
2. 물건을 사거나 팔기 위하여 품질이나 가격 따위를 의논함.
3. 어떤 문제를 자기에게 조금이라도 더 유리하도록 상대편에게
   수작을 겖.

두 가지 이상의 항목을 다루며 항목 간에 연결을 통해 합의점을
찾으려 할 때 비로소 협상으로 전환된다.

> **나** : 딸기가 엄청 싱싱하지는 않은데 꽤 비싸네요…. 수박은 얼
> 마예요?

끝까지 그가 이겼다고 믿게 하라

주인 : 요즘 딸기 값이 많이 올라서 그래요. 수박은 1만 5,000원입니다

나 : 수박은 좋아 보이네요. 딸기 9,000원에 해 주시면 수박도 한 통 살게요.

주인 : 이렇게 싸게 팔면 남는 게 없는데…. 다음 주에 많이 사셔야 해요. (딸기와 수박을 포장하기 시작한다.)

이번엔 흥정이 아니라 협상으로 합의점을 찾았다. '딸기 한 팩의 단가'라는 항목을 놓고 중간에서 만나는 흥정이 아니라, '수박 한 통의 구매'라는 항목과 '딸기 한 팩의 가격' 항목을 연결했다. 수박 한 통을 양보로 내주고, 딸기의 가격을 2,000원 할인받는 교환으로 협상을 한 것이다.

깔때기 타입 vs 실린더 타입

나에게는 덜 중요한 항목이 상대방에게 '가치'가 있을 때 양보하고 나에게 더 중요한 항목을 가져오며 교환하는 것이 협상이다. 흥정보다는 협상을 통해 원하는 목표를 온전히 달성하는 방법이다. 흥정하는 항목과 연결할 수 있는 항목이 없는지 살펴봐야 협

상으로 전환된다.

협상에는 깔때기 방법과 실린더 방법 두 가지가 있다. 협상을 시작해서 복수의 항목을 각각 합의해 나가며 가장 마지막에 남는 항목만을 테이블에 올려놓고 조율하는 협상을 '깔때기' 협상이라고 한다. 계약기간, 워런티, 환율 적용 기준, 결제 조건, 배송 조건 그리고 단가를 협상할 때 단가를 제외한 모든 항목에서 합의했다고 생각해 보자. 이미 합의한 항목들이 깔때기 밖으로 빠져나가고 단가 항목 한 가지만 남으면 그 하나의 항목을 놓고 조율할 수밖에 없다. 다시 흥정으로 돌아오니 깔때기 협상은 바람직하지 않다.

협상은 깔때기 타입이 아닌 실린더 타입으로 해야 한다. 여러 가지 복수 항목으로 시작해서 항목별로 합의점을 찾더라도 끝까지 모든 항목을 몰고 가야 한다. 단가의 입장 차이가 있을 때 중간에서 타협하는 흥정이 아닌 다른 항목과 연결할 때 비로소 패키지 협상이 가능하다. 기존의 항목을 연결할 수도 있고, 새로운 항목을 협상 테이블에 올려 리패키지를 시도할 수도 있다.

결제조건은 60일, 계약기간은 3년으로 합의가 되었으나 공급단가는 공급처 9만 5,000원, 바이어는 9만 원의 차이가 있다고 할 때 단가에만 집중하는 깔때기 방식은 중간에서 만나는 흥정이 될 수 있다. 공급처가 바이어에게 "계약기간을 5년으로 늘려

끝까지 그가 이겼다고 믿게 하라

주고 공급단가를 9만 원에 양보하겠다"라고 제안하면 실린더 타입의 협상이다.

필자 또한 영업하던 시기에는 가격이 가장 중요하다고 생각했었다. 때론 다른 협상 항목이 가격보다 중요하다는 점은 영업 실무를 벗어나 임원이 된 뒤에 알게 되었다. 파트너사의 임원을 만나 그들의 우선순위에 대해서 들어 보니 현금흐름 문제로 결제 조건이 일시적으로 중요하거나, 가격과 관계없이 특정 기업과 거래를 트는 것이 우선일 때가 있다. 어떤 때는 신규 공장의 설립 여부를 결정하기 위해 장기계약이 단가 조건보다 중요하기도 했다. 실린더 타입으로 협상하려면, 상대방에게 중요한 것이 무엇인지 알아내고 나의 우선순위도 적극적으로 알려야 한다. 협상 항목이 많아서 항목 간에 많은 연결의 조합이 풍부해져야 리패키지가 가능하며 서로의 목표 달성이 수월해진다. 우선순위를 교환하지 않으면 서로에게 의미 없는 제안을 주고받고, 흥정 이외에 선택지가 없는 상황에 빠지게 된다.

예전에 근무하던 글로벌 음료기업에서의 일이다. 수십억에 달하는 2년짜리 독점공급계약의 입찰을 준비하며 최저가 응찰을 하기 위해 치열한 눈치싸움이 진행 중이었다. 고객사 또한 우리와 경쟁사에 각각 정보를 흘리며 단가를 더 낮추라는 압박을 하고 있었다. 치열하게 정보를 모으며 단가를 낮추고 또 낮추다가, 어느 순간 제품의 공급 단가 이외에 우리가 줄 수 있는 가치가 무엇이 있을까 고민하기 시작했다.

고객은 무엇을 필요로 할까 논의하다가 단가 경쟁에서 벗어나 완전히 새로운 항목을 도출했다. 미국 라스베이거스에서 열리는 전문박람회에 고객사 임직원이 참가하는 견학 프로그램을 지원하는 것이다. 박람회에서 최신 트렌드를 살펴보고, 우리 측 미국 본사 임원들과의 미팅에서 새로운 비즈니스 트렌드를 논의하며 주변 대도시에서 시장 조사까지 할 수 있는 교육 프로그램을 제안했다. 항공료, 호텔, 그리고 식사와 전시회 관련 비용을 지원하고, 필자도 동반하여 통역과 코디네이션을 맡으며 다양한 도움을 준다고 명시했다. 새로운 견학 프로그램 항목을 추가하며 더는 공급 단가를 낮추지 않고 입찰에 응했고, 수년간 독점공급 계약의 낙찰이라는 결과를 얻을 수 있었다. 고객사는 미국을 방문하여 시장조사를 하며 최신 트렌드를 배울 수 있는 가치를 높이 샀다. 공급사 입장에서는 제품 공급가에 반영하면 미미한 정도의 비용으로 고객이 더 큰 가치를 느끼는 견학 프로그램을 개발하여 총비용을 효율적으로 관리할 수 있었던 리패키지 사례라 볼 수 있다.

협상을 깔때기 타입으로 하면 마지막으로 남은 한 가지 항목을 조율하는 흥정밖에 선택지가 없다. 협상 항목 간 연결을 하고 전체 조건을 패키지로 묶어 협상하는 실린더 타입의 협상은 총비용을 늘리지 않고 협상 목표를 달성할 수 있도록 도와준다.

리패키지가 가능한 실린더 협상

글로벌 주류업체의 매니저가 대형할인점과 스카치위스키 브랜드의 판촉 행사를 논의하는 중에 진행하는 매장의 숫자에 견해 차이가 있어 어려움을 겪고 있었다. 주류업체는 소비자에게 최대의 효과를 얻기 위해서 50개 매장에서 동시에 판촉 행사를 진행하고 싶어 했지만, 바이어는 일단 10개 매장에서 파일럿으로 진행해 본 뒤 매장의 숫자를 늘려 가자는 의견을 제시했다. 이렇게 의견 차이가 좁혀지지 않던 상황에서 주류업체 매니저가 다른 항목을 연결하는 리패키지 방법을 활용했다. 재고가 부족해 매장에서 품귀 현상을 빚던 싱글몰트위스키 브랜드의 재고를 해당 할인점에 더 할당해 주는 대신 스카치위스키 브랜드 판촉 행사를 50개 매장에서 진행할 수 있도록 요청했다. 싱글몰트위스키의 재고 품귀 현상에 골치가 아프던 바이어는 주류업체 매니저의 요구를 들어주며 스카치위스키 브랜드의 판촉 행사를 50개 매장에서 진행할 수 있었다. 스카치위스키 브랜드의 행사 매장 수를 조율하며 중간에 만나는 흥정보다 더 나은 결과를 도출했다. 싱글몰트위스키 재고를 양보하며 스카치위스키의 판촉 행사 매장 수 확보로 교환한 리패키지의 바람직한 사례다.

바이어는 단가 조건을 가장 중요하게 여긴다고 흔히 생각한다. 하지만 바이어 입장에서 가격은 여러 항목 중 하나일 뿐이고 복수의 항목을 종합적으로 고려한다는 점을 잊지 말자. 구매부 또한 실제 제품이나 서비스를 사용하는 부서의 의뢰를 받아 공급처와 협상을 한다. 구매부의 내부고객인 사용부서가 원하는 급한 납기를 맞춰 줄 수 있는 공급자가 없다면 고객에게는 가격보다는 시간이 더 중요한 조건일 것이다. 납기, 결제 조건, 계약 기간, 배송 조건, 유지 보수 계약, 워런티 등 가격 이외에 상대방에게 중요한 항목을 찾아보자. 항목 간에 연결을 시키는 리패키지를 통해서 나에겐 유연한 부분을 내주고, 더 중요한 목표를 달성하자. 흥정밖에 할 수 없는 깔때기 협상이 아니라 리패키지가 가능한 실린더 협상을 기억해야 하는 이유다.

원하는 것을 얻는 데 가장 큰 장애물은
상대방이 아니라 자기 자신이다.

─────────
윌리엄 유리

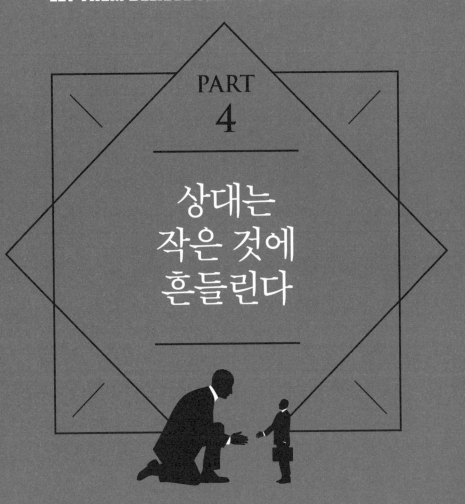

LET THEM BELIEVE THEY WON UNTIL THE END

PART
4

상대는
작은 것에
흔들린다

19
—

더할 것인가?
뺄 것인가?

'시드니까지 항공료가 단 28만 원!'

한 중저가 항공사의 프로모션 광고에서 내건 조건이다. 일반적인 항공요금의 몇 분의 1 수준이라 '이 기회에 시드니나 다녀올까'라는 생각을 했다면 오산이다. 자세히 살펴보면 왕복이 아니라 편도요금이고 날짜와 좌석 선택, 기내식, 위탁 수화물과 보험등 많은 항목에서 별도의 유료 비용을 부담해야 한다. 이를 모두선택하면 최초 비용보다 무려 4배 이상의 가격이 된다. 상대를속이지 않는 선에서 가장 낮은 가격을 강조하여 유인하는 마케팅 기법이고, 협상의 관점에서 보면 애드온(Add-on) 전략이다.

목표를 달성하는 애드온 전략

애드온 전략은 나의 제안을 항목별로 쪼개거나 조합하여 상대방이 최적의 선택을 하도록 하면서도 나의 목표를 달성하는 방법이다. 일정과 좌석 선택, 위탁 수화물 등을 원하는 대로 선택할때는 추가 비용이 발생하고, 옵션을 선택하지 않으면 더 낮은 가격으로 티켓을 구매할 수 있다. 항공사 입장에선 잠재 고객에게 매력적인 가격으로 어필하고, 고객이 추가 옵션을 선택하면 추가 매출이 발생하니 손해가 없다. 협상에서 애드온을 활용하면 상대에게 옵션을 제외한 가장 낮은 단가를 제시하면서 선택할 권리를 제공한다. 상대방은 꼭 필요한 항목을 선택하면서 주도적으로 결정했다고 인식하고, 나 또한 상대방이 어떤 항목을 추가하더라도 내가 제안한 가격이니 목표를 이미 달성했다.

— 저희가 제안 드리는 기본 단가 조건은 2만 5,000원입니다. 단 결제 조건은 배송 후 14일이며, 워런티는 1년까지 가능합니다. 귀사가 요청하신 워런티 2년을 원하신다면 500원의 단가가, 결제 조건 30일을 원하신다면 500원의 단가가 추가됨을 알려 드립니다.

내역	옵션 A	옵션 B
품질 보증	1년	2년
결제 조건	14일	30일
공급가	2만 5,000원	2만 6,000원

　공급처는 기본 단가를 2만 5,000원에 제시했지만 상대가 추가 옵션을 선택하면 2만 6,000원까지 가격이 늘어난다. 단가가 가장 중요하다면 2만 5,000원을 택할 것이고, 워런티 1년이 더 중요하다면 단가 500원의 인상을 감수할 것이다. 애드온 전략은 상대에게 옵션의 선택권을 제공하면서 투명하게 정보를 공유하는 인상을 준다. 상대가 주도권을 가진다고 믿게 되는 점은 덤이다. 가격 흥정을 피하며 양측의 입장 차이를 줄일 수 있어 유용한 전략이다.

테이크어웨이 전략

애드온의 반대개념으로 테이크어웨이(Take-away) 전략은 가격을 낮출 때 유용하다. 호텔의 '올 인클루시브(All Inclusive) 패키지' 가격에서 점심 식사는 필요 없으니 가격을 낮춰 달라고 요청하는 것과 같다. 전자상거래 업체가 글로벌 IT업체의 제품을 자사

플랫폼에 입점시킬 때 공급가를 낮추려는 노력 끝에 "우리가 미국 공장에서 제품을 픽업할 테니 공급가를 낮춰 달라"라고 제안했다. 싸게 사서 싸게 파는 것이 경쟁력인 이커머스 업체의 테이크어웨이 전략의 예시다.

— 내년 1년간은 가격을 동결하겠습니다. 단, 그간 무료로 제공하던 데이터는 유료화로 전환됩니다. 데이터 제공을 선택하지 않으셔도 되지만 만약 제공을 유지하신다면 5%의 가격 인상이 불가피합니다.

테이크어웨이	현재	미래옵션 1	미래옵션 2
데이터 제공	무료	무료	유료(1,000원)
결제 조건	2만 5,000원	2만 6,000원 (4% 인상)	2만 5,000원

테이크어웨이 전략은 가격 인상 협상에서도 유용하다. 데이터 가치가 크다면 상대는 가격 인상을 수용할 것이고, 가격 동결이 중요하다면 데이터를 포기할 것이다. 가격 인상 협상에서 상대가 완강히 거절할 것으로 예상할 때 일부 조건을 빼며 가격을 동결하지만, 실질적인 가격 인상 효과를 볼 수 있다. 구매하는 입장에서 테이크어웨이 전략을 사용할 때도 항목을 세부적으로 쪼개서

볼 수 있어야 한다. 구매하는 제품이나 서비스에서 덜 중요한 항목을 제외하며 더 중요한 단가를 낮출 수 있다. 배송 상자(Shipper package)의 색깔을 3도 인쇄에서 1도로 조정하여 비용을 낮출 수 있다. 정기적으로 공급받는 시장데이터에서 의미 없는 콘텐트를 제외하며 공급업체에 가격 인하를 요구할 수도 있다.

"저희가 가격을 더 낮춰야 하는 상황인데, 어떤 방법이 있을까요?"

생각이 나지 않을 때는 이 질문이 도움이 된다. 상대방이 의외로 테이크어웨이 해결책을 제시할지도 모른다. 더할 것인가 뺄 것인가? 상대방에게 복수의 선택지를 제공하라. 상대방이 무엇을 선택하든지 당신은 이미 협상의 목표를 달성했다.

20

굿캅, 배드캅은
동시에 사용할 수 없다

글로벌 제약사에서 사업부 대표로 근무할 때의 일이다. 오랜 협업 관계를 맺어 오던 국내 제약사와의 계약 사항 중 중대한 결함을 발견했다. 자사가 소유한 브랜드를 국내 파트너사가 사용하며 생산, 유통, 마케팅을 하던 로열티 계약기간이 만료된 뒤 재계약이 이루어지지 않아 수년간 한푼의 로열티도 지급되지 않고 있었다. 이런 상황을 해결할 전략을 준비해 아시아 지역 본사의 대표에게 보고하고 법률검토를 마친 뒤 우리의 요구 사항을 파트너사에 보냈다. 싱가포르에서 아시아 본사 대표와 사업개발 임원이 대면 미팅에 참여하고자 한국으로 왔고, 파트너사에서는 오너 회장과 대표, 그리고 임원 몇 명이 참여했다. 어색한 공기가 흐르는 첫 회의에서 파트너사의 회장은 지난 수십 년간 양사의 관계를 자세하게 이야기하며 우리가 보낸 법률문서의 내용에 불편함을 내색했다. 어느 정도 예측했기에 적절히 대응하며 대화를 이어가고 있던 차에 갑자기 우리 쪽 아시아 지역 대표가 파트너사 회장에게 일대일로 대화를 하자고 제안했다. 계획에 없던 일이라 나와 사업개발 임원은 당황했지만, 상황을 바꿀 수는 없었다. 옆 회의실에서 한 시간 넘게 기다리다가 둘만의 미팅이 끝난 뒤 다시 대회의실로 갔다. 파트너사 회장의 얼굴은 밝아 보였지만, 우리 측 아시아 대표는 상기된 표정이었다. 사무실로 돌아와 대화 내용을 들어 보니, 둘 사이에 합의한 결론은 우리가 애초에 예상했던 기대치에 한참 미치지 못했다. 추후 그 이유를 알 수 있었는데, 수십 년간 실무를 챙긴 오너 회장의 업무 지식과 논리로 무장한 협상력을 우리 쪽 아시아 지역 대표가 넘어서지 못했던 것이다. 파트너사 회장은 달변가에 뛰어난 협상가였고, 실제 전략을 준비한 필자가 회의에서 배제되며 정보의 비대칭이 발생한 것이다. 어쨌든 합의한 결과를 따라야 하고 우리는 받아야 할 예상 수익을 한참이나 낮춰야 했다. 실패한 협상이었다.

협상이 실패한 요인은 무엇일까? 파트너사 회장과 우리 쪽 아시아 지역 대표의 협상 역량의 차이, 정보의 비대칭성이 직접적인 실패 요인이 아니다. 불편한 분위기를 만들었던 상대의 협상 전

끝까지 그가 이겼다고 믿게 하라

술도 아니다. 가장 큰 요인은 협상팀 내에서의 역할이 제대로 분배되지 않았기 때문이다. 협상팀이 같은 목표를 지향하고 그 목표를 달성하기 위해 '합의된' 전략을 수립하는 것은 당연하다. 다만, 협상 테이블에 앉아서도 합의된 전략을 실행하려면 구성원별로 각각 다른 역할이 부여되어야 한다. 각자의 역할대로 움직일 때 팀의 협상력은 최상의 상태가 된다.

협상팀의 세 가지 역할

협상팀에 부여하는 세 가지 역할이 있다.

첫 번째는 '리더(Leader)' 역할이다. 최상급 직책의 구성원이라는 뜻이 아니라 협상을 이끄는 운전자라는 측면에서의 리더다. 리더의 가장 중요한 역할은 정보와 제안이다. 상대방이 들어야할 정보를 제공하여 기대치를 구조화하고, 제안하며 협상을 진전시킨다. 때론 상대방의 제안에 대해 수락, 또는 거절하며 피드백을 주기도 한다. 상대방의 말을 경청하면서도 의견을 피력하는 가장 바쁜 역할의 리더는 일반적으로 다음의 문장을 사용한다.

- 저희는 이렇게 제안 드리겠습니다.

- 그 제안에는 동의할 수 없습니다

- 그 질문은 회사 보안 사항이라 답변 드릴 수 없습니다.

- 저희는 의견이 좀 다릅니다.

- 5%에 동의하시면 저희는 계약기간을 1년 연장해 드릴 수 있습니다.

두 번째 역할인 '요약자(Summarizer)'는 진행자 역할로서 협상이 주요 의제대로 진행되는지 살피고, 질문을 담당하며 때론 상황과 조건을 요약한다. 협상이 논쟁에 빠지거나 의제와 관련 없는 주제로 넘어갈 때 요약자가 주위를 환기하며 다시 본 주제로 돌아올 수 있도록 돕는다. 질문을 통해서 정보를 취득하는 것 또한 요약자의 역할이다. 상대방이 중요한 내용을 말할 때, 정확히 이해했는지 다시 한번 요약하며 양측이 같은 이해를 하도록 돕기도 하지만, 같은 팀의 리더가 생각할 시간을 가질 수 있게 해 준다. 의견을 개진하고 제안하는 것은 리더의 역할이라 요약자가 하기에는 바람직하지 않다. 요약자가 하는 문장을 살펴보자.

- 다시 한번 정확히 말씀해 주시겠습니까?

- 저희가 정확히 이해한 것이 맞는지 알려 주시겠어요? 저희가 이해한 내용은….

끝까지 그가 이겼다고 믿게 하라

- A와 B 중 A가 더 중요한 것이라 이해하면 되는지요?

- 그게 왜 중요한지 여쭤 봐도 되겠습니까?

- 귀사의 의사결정에 영향을 끼치는 가장 중요한 요소는 무엇인지요?

- 이번 프로젝트를 통해서 어떤 기회를 기대하시는지요?

- 저희 제안을 수락하기 어렵다고 하셨는데, 어떤 부분이 문제인지 알려 주시겠습니까?

- 저희 상무님이 말씀드린 제안을 다시 요약해 드리겠습니다….

- 이제 마무리 단계인 것 같습니다. 양측이 합의한 사항을 정리해 보겠습니다….

세 번째로 '관찰자(Observer)'는 특이하게도 말을 거의 하지 않는 역할이다. 인사말 정도 이외에 말이 없는 관찰자는 협상 테이블에서 약간의 거리를 두고 우리 팀과 상대 팀을 관찰한다. 또한 우리의 전략이 제대로 실행되는지 살피고, 미처 예상하지 못한 새로운 정보를 반영하며 전략과 숫자를 수정하기도 한다. 상대방의 말을 소화하며 표정을 관찰하다 보면 리더가 놓칠 법한 미세한 부분을 감지하기도 한다. 말하는 기능을 멈추면 눈과 귀가 열리고 생각하는 데 방해요인이 없다. 상대의 말을 경청하며 동시에 할 말을 준비하는 리더는 정교하게 전략을 수정할 겨를이 없고, 질문과 요약을 준비하는 요약자는 이런 관찰을 할 여유가 없다. 관찰자는 다음 목록을 점검한다.

- 우리의 전략이 계획대로 실행이 되고 있는가.
- 미처 몰랐던 새로운 정보는 무엇인가.
- 우리의 전략을 어떻게 수정해야 하는가.
- 상대방이 우리의 제안을 거절한 숨겨진 이유는 무엇인가.
- 상대방의 제안에 대응할 역제안의 내용은 어떻게 구성해야 하는가.

공감이 무기인 굿캅 vs 상대방을 도발하는 배드캅

협상에서 굿캅(Good Cop)과 배드캅(Bad Cop)이 유용하다고 말한다. 배드캅은 공격적으로 상대방을 도발하는 반면, 굿캅은 공감을 무기로 배드캅이 할퀴고 간 상처를 어루만져 주며 상대의 마음을 흔든다. 논리적으로는 그럴듯하다. 다만, 굿캅과 배드캅이 동시에 역할을 하는 것은 리스크가 크다. 협상팀에 리더가 두 명일 수는 없다. 첫 제안지점인 인텐드 포지션(Intend Position)과 한계지점인 머스트 포지션(Must Position)의 목표 범위 내에서 제안하고 수락하는 위임을 받는 구성원은 리더 한 명이어야 한다. 그렇지 않으면 서로 다른 메시지를 상대방에게 주며 양측 모두 혼란에 빠질 리스크가 있다. 굿캅과 배드캅을 사용하려면 시간의 순서를 다르게 해서 한 명이 두 가지 역할을 모두 한다는 전제하에 일부 효과를 기대할 수 있지만, 리더, 요약자, 관찰자의 역할을 알고 난 이후에 굿캅, 배드캅을 할 이유는 없다.

2000년 중반 미국계 글로벌 기업에서 팀장으로 일할 때였다. 파트너십을 가지고 있는 대기업과의 재계약 협상이 진행 중이었다. 우리 브랜드의 유통을 맡아서 해 주던 파트너사와 비즈니스를 시작한 이후에 첫 연장 계약이었다. 매출 성과는 예상보다 높았으나 파트너사 입장에서의 비용이 예상보다 많이 발생해 우리에게 더 낮은 공급가 조건을 요청하고 있었다. 우리는 공급가를 낮추기보다, 그에 해당하는 비용을 추가로 집행하겠다는 제안을 했다. 비용을 관리하는 권한을 유지하는 것이 유리하다 판단했기 때문이다. 양측의 임원진이 참여하는 최종 협상 자리에서 필자도 상무님을 모시고 갔고 상대 측도 부문장급 임원이 배석했다. 서로의 조건을 다시 반복하여 입장 차이를 확인하던 차에 상대편 임원이 말했다.

파트너사 임원 : 저희로선 이 브랜드를 유통하며 비용이 많이 발

생해서 남는 이익이 없습니다. 공급가를 20%는 낮춰 주셔야 합니다.

공급사 팀장 : 부문장님, 시작한 지 이제 1년이 된 브랜드입니다. 전국에 분포시키는 초기 투자비용은 올해부터는 낮아질 것으로 예상합니다.

파트너사 임원 : 아직 분포가 마무리된 것이 아닙니다. 비용을 줄이면 분포와 매출에 타격을 받을 수밖에 없기도 하고, 올해 안에 이익이 나지 않으면 지속하기 힘든 파트너십으로 인식할 수밖에 없습니다.

공급사 팀장 : 올해는 저희도 비용을 전년 대비 15% 증액 집행해서 매출을 더 올리면, 비용률이 낮아지지 않겠습니까?

파트너사 임원 : 유통 관련 비용은 저희가 집행해야 합니다. 공급가 조건이 안 되면 저희는 계약 연장 자체도 재검토할 수밖에 없습니다.

그때 말 한마디 없었던 우리 측 상무님이 갑자기 이렇게 제안했다.

공급사 임원 : 부문장님, 공급가 조건 맞춰 드리면 계약 연장해 주시는 거죠? 20%는 좀 어렵고 15% 정도 어떠신지요?

파트너사 임원 : 네, 뭐 15%가 만족스럽진 않지만, 그쪽에서 비용도 15% 늘려 주시면 합의하겠습니다.

공급사 임원 : 공급가는 15% 낮추고 마케팅 비용을 10% 증액하도록 하겠습니다.

파트너사 임원 : 네 그렇게 합의하시죠. 감사합니다.

협상팀 내 역할 분담

필자는 매우 황당하고 허무했다. 훨씬 더 좋은 조건으로 합의할 수 있었다고 생각하기도 했지만 무엇보다도 한 팀으로서 합의하지 않은 제안이 상대방에게 전달된 것이다. 얼라인먼트 (Alignment), 즉 팀 내 합의되지 않은 제안은 리스크가 매우 크다. 더 좋은 선택지가 있는지 살펴볼 기회도 있겠지만 팀 내에서의 정해진 역할이 무너지면 팀 내 혼란이 발생하고 감정이 흐트러져 정교한 협상을 이어갈 수 없다. 특히 정보 제공과 제안 및 의견을 책임지는 리더는 위임받은 범위 내에서 제안하고 피드백을 주는 역할을 가지고 있는데, 협상 중에 갑자기 리더가 바뀌면 그 협상은 재앙이나 다름없다. 협상팀 내 역할은 중간에 바뀌어선 안 된다.

협상팀 내 역할이 세 가지인데 만약 인원이 세 명이 아닌 경우에는 어떻게 역할을 분담해야 할까? 리더와 관찰자는 항상 한 명이 맡아서 해야 한다. 두 명일 때는 리더 한 명에 나머지 한 명이 요약자와 관찰자 역할을 하면 된다. 다섯 명일 때는 리더 한 명과 관찰자 한 명을 제외한 나머지 인원은 모두 요약자 역할을 맡으면 된다. 질문과 요약은 누구나 할 수 있지만, 제안과 전략 수정은 오직 리더와 관찰자만이 위임받고 책임져야 한다.

협상팀 내 직급이 서로 다른 경우에는 상대방과의 관계나 직급을 매칭하여 주도적으로 상대방과 일하고 있는 구성원을 리더로 선정할 수 있다. 일반적으로 최상위자가 관찰자, 차상위자가 리더, 그리고 최하위직급의 구성원이 요약자 역할을 하는 경우가 바람직하다. 매니저, 팀장 그리고 상무가 한 팀으로 협상 테이블에 앉을 때 일반적으로 실무를 꿰고 있는 최상위자가 팀장이라면 리더로서 적절하다. 상대방의 질문과 공격에 대응할 수 있는 구성원 중 가장 최상급자라고 보면 된다. 대개 상무가 관찰자, 팀장이 리더, 그리고 매니저가 요약자 역할을 맡는 것이 바람직하다.

만약 팀장이 합의되지 않은 제안을 했을 때나 잘못된 정보를 전달했을 때 직급이 더 높은 상무가 즉시 이를 정정하기가 쉽다. 반대로 상무가 실수할 경우 직급이 더 낮은 팀장이 이를 제지하고 상대방에게 양해를 구하며 정정하기는 문화적 관점에서 부담스럽다. "부문장님, 저희 상무님이 잠시 착각하신 것 같은데 저희가 다시 정정해 드리겠습니다"라고 말할 수 있는 기업문화를 가진 조직은 매우 드물다. 팀 내 역할 중 '리더'를 가장 상위직급보다는 '차상위직급'의 직원이 하는 것이 바람직한 이유다. 다만 최상급자가 실무에 해박하고 상대방과도 관계가 좋으면 리더 역할을 맡아도 무방하다.

영업사원이라면 혼자 세 가지 역할을 모두 맡을 수밖에 없다. 하지만 중요한 협상일 때 숫자를 늘리는 것이 유리하다. 팀장, 임원과 함께 갈 수 있다면 좋겠지만 사정이 여의치 않으면 후배 사원 또는 인턴이라도 동반하는 것이 좋다. 전략을 짜는 관찰자 역할은 못 해도, 옆에서 질문과 요약이라도 해 주면, 그사이에 리더가 생각할 시간을 벌게 된다. 상대방 말도 들으며 대응도 해야하는 바쁜 리더에게 10초의 시간만 줘도 리더의 말이 더욱 정교해진다. 직급이 높다고 리더를 맡고 싶은 유혹을 버려야 한다. 과감히 리더에게 정해진 범위 내에서 위임하고 관찰하라. 리더는 제안, 피드백, 정보 제공의 역할을 하고, 요약자는 진행을 맡으면서 질문과 요약을 책임지고 관찰자가 관찰과 전략 수정을 맡는 팀 역할이 수행되면 협상팀의 역량은 개인 역량의 총합보다 더 강력해질 것이다.

21
—

원하는 것을 얻는
5초 침묵의 힘

바이어의 연락을 받은 정경호 본부장. 거래한 지 그리 오래되지 않은 바이어와 매번 그쪽 사무실에서 만났었는데 이번엔 우리 사무실로 찾아오겠다고 한다. 의아했지만 거절할 수는 없었다. 바이어는 혼자가 아니었고 팀원을 데리고 왔다. 평소엔 하지 않던 스몰토크를 하며 오늘따라 여유 있고 친근한 모습이라 조금 낯설다. 그가 입을 뗀다.

바이어 : 본부장님, 이번 연휴 때 저희가 행사 매대도 좀 넓게 드렸는데…. 다름 아니라 이번 추석 때 저희 상품권을 1,000만 원어치만 사 주실 수 있으세요? 어차피 직원들 선물이나 프로모션으로 사용하실 수 있으니 추가 비용 집행은 아닐 겁니다.

끝까지 그가 이겼다고 믿게 하라

정 본부장 : 아, 저희가 필요한 상품권은 이미 구매해서 더 이상 예산이 없습니다. 죄송합니다.

바이어 : 아, 그래요…? (약 10초간 한숨만 쉬며 침묵)

정 본부장 : 아이고, 이거 어떡하나…. 예산은 없고… 그래도 도와드려야 하니깐 1,000만 원은 어렵고 500만 원이라도 괜찮을까요?

바이어 : …네. 아쉽지만 그럼 그렇게라도 부탁드립니다.

바이어는 아무런 말도 없이 그저 침묵만 보여 주고 500만 원 상품권을 판매했다. 바이어가 침묵하는 짧은 10초간 본부장의 머릿속엔 여러 가지 생각이 스쳐 갔을 것이다.

'왜 말이 없지? 화가 난 건가? 뭔가 보복하면 어떡하나? 지금이라도 다시 1,000만 원 사 준다고 해야 하나? 이미 안 된다 했다가 다시 번복하기도 좀 이상하지 않을까? 그럼 마지못해 500만 원어치라도 일단 사서 들고 있어야 하나?'

침묵을 활용하는 방법

침묵의 힘은 강력하다. 디자인 업체를 운영하는 송 대표가 직접

겪은 경험담도 비슷하다. 과도한 할인 요구를 거절했더니 구매팀장이 약 1~2분 동안 한마디도 없이 볼펜 소리만 까딱까딱 냈다. 몇 분의 시간이 한 시간처럼 느껴졌고, 볼펜 소리가 너무 크게 들린 공포의 시간이었다고 회고한다.

자기계발 전문 트레이너이자 코치로 활동하고 있는 코르넬리아 토프(Cornelia Topf)는 그녀의 책 《침묵이라는 무기(Einfach mal die Klappe halten)》에서 "의도적으로 침묵할 수 있는 사람만이 원하는 것을 갖는다"라고 했다. 협상 중에 침묵을 활용하는 두 가지 방법을 살펴보자.

첫째, 상대방의 침묵을 버틸 수 있어야 한다. 상대방이 침묵을 보여 줄 때 어떻게든 무너지지 말고 버텨야 한다. 상대방의 콧잔등을 보든가, 머릿속으로 양 다섯 마리를 세면서라도 버틸 수 있어야 한다. 상대방이 침묵 이후에 화를 낼지, 포기할지, 조정할지 모르지만, 침묵 이후의 반응을 듣고 대응해도 충분하다. 제안을 한 후 상대방의 침묵에 스스로 무너져 번복한다면 내가 쌓은 성을 스스로 무너뜨린 것에 자괴감이 든다. 상대방 또한 내 제안 자체가 설득력 없다고 느끼며 반복적으로 침묵을 활용할 것이다.

끝까지 그가 이겼다고 믿게 하라

논거 설명에 활용하는 침묵

내가 논거를 설명할 때도 상대방의 침묵에 대응할 수 있어야 한다. 내가 충분히 설득력 있는 논거를 말했다면 상대가 침묵하더라도 또 다른 논거를 추가하지 말고 침묵을 버텨야 한다. 상대방의 침묵이 견디기 어려워 두 번째, 세 번째 논거를 추가하면, 앞서 말한 가장 강한 논거가 희석된다.

협상교육의 학습교재인 플레이북은 교육 참가자에게만 제공하는 것이 원칙인데 한 고객사의 인사 교육 담당자가 플레이북 다섯 권을 추가 요청했다.

나 : 고객님, 저희 플레이북은 정책상 참가자에게만 제공할 수밖에 없음을 양해 부탁드립니다.

교육 담당자 : 아⋯ 네. 그럼 안 된다는 건가요⋯? (침묵)

나 : 아, 그리고 플레이북 인쇄 비용이 만만치 않기도 합니다.

교육 담당자 : 그럼 인쇄 비용은 저희가 낼게요.

나 : 아, 제 말씀은 그게 아니라⋯.

교육 담당자 : 감사합니다. 대표님!

이미 충분히 강한 논거(정책)를 얘기했지만, 상대방의 침묵에 당황하며 추가로 찾은 약한 논거(인쇄 비용)는 앞의 강한 논거까지 희석시켜 상대가 공격할 빌미를 제공한다. 상대는 언제나 약한 고리를 노린다. 가장 강한 첫 논거를 말한 뒤에 상대방의 침묵을 참아내야 한다. 피드백을 듣고 대응해도 늦지 않다.

둘째, 때로는 침묵을 보여 줄 수 있어야 한다. 상대방 제안에 대응하는 법을 먼저 살펴보자. 상대방의 제안이 흡족하다면 바로 수락을 할 것인가? 그래선 안 된다. '바로 악수하기(Snapping their hand off)'라고 불리는 즉각적인 수락은 나와 상대방 모두에게 찜찜함을 준다. 나로선 '더 좋은 조건을 요구할 수 있는데 너무 빨리 수락했나?'라는 찜찜함을, 상대방에겐 '상대에게만 유리한 제안을 한 것인가?'라는 찜찜함을 준다. 합의를 하게 되더라도 양측 모두 아쉬운 마음이 들어 실행의 퀄리티에 부정적인 영향을 끼치기도 한다.

> **바이어** : 재계약 시에는 모든 조건은 그대로 유지하되 가격만 20% 인하해 주시지요.
>
> **공급처** : 아이고 20%는 너무 높아 어렵습니다.
>
> **바이어** : 그럼 15%는 가능합니까?"
>
> **공급처** : 죄송합니다. 15%도 어렵습니다.

바이어 : 저희가 다른 업체와도 논의 중임을 알려 드리고요,
12%는 꼭 해 주시지요.

공급처 : 아⋯.

상대방 제안이 내 기대치와 차이가 있다면 바로 거절할 것인가?
즉각 거절하는 것은 바람직하지 않다. "어렵다"라고 당장 거절
하면 상대방은 곧바로 역제안을 던지며 주도권을 유지할 수 있
다. 상대방의 제안이 마음에 들든 그렇지 않든 간에 즉각적으로
는 아무것도 하지 않는 것이 좋다. 그럼 무엇을 해야 하나?

상대가 제안했을 때 일단 5초 정도 침묵해 보자. 당신이 침묵하
는 짧은 5초의 시간 동안 상대방은 감정적으로 흔들릴 수 있다.
그리고 질문 한 가지를 해 보자.

"어떤 근거로 그런 제안을 하셨는지 여쭤봐도 되겠습니까?"

근거를 물어보는 질문은 손해가 없다. 상대방이 탄탄한 근거
를 댈 수 있다면 이해가 쉽다. 해당 항목이 아닌 다른 항목으로
우선순위를 조정하는 피보팅(Pivoting)을 할 수 있고, 내부 이해관
계자와의 논의에도 도움이 된다. 반대로 상대가 근거를 확실하
게 대지 못한다면, 상대 제안의 근거가 약하다는 인사이트를 얻
게 된다. 블러핑일 수도 있는 상대의 제안에 논리적으로 약한 고

리를 건드리는 역제안을 할 수 있는 토대가 된다.

감정적으로 흔들린 상태에서 중요한 질문에 답을 해야 하는 상대방은 더욱 당황할 수 있다. 상대가 흔들릴 때 역제안을 할 수 있다면 주도권은 당신에게 다시 넘어온다. 침묵을 기억하자. 상대의 침묵에 버릴 수도 있어야 하지만, 때론 내가 활용할 수 있는 강력한 5초니까.

의도적으로 침묵할 수 있는 사람만이 원하는 것을 가질 수 있다. 당신이 침묵하는 짧은 5초의 시간 동안 상대방은 탄탄한 논거가 준비되지 않아서 질문에 답도 제대로 하지 못하면 감정은 더욱 흐트러진다. 침묵으로 상대가 감정이 흔들릴 때, 오히려 당신은 차분하게 역제안을 준비할 수 있다.

22
—

난처한 질문의 답은
상대의 니즈에 있다

— 한국은 미국과 일본에 대한 외교관계에 집중하고 중국은 포기
   하는 것인가요?

우선순위 측면에서 중국보다는 미·일과의 외교를 굳건히 다지
고 있는 한국의 외교정책을 향한 도전적인 질문이다. 만약 여러
분이 한국을 대표하는 자리에서 중국의 기자에게 이런 질문을
받았다고 가정해 보자. 내가 하는 답변이 공론화되어 한국, 미국,
일본 그리고 중국에도 보도가 될 예정이라면 어떻게 대답할 수
있을까? 마음에 담아 둔 솔직한 답변을 할지, 위기만 모면하는
거짓말을 해야 할지 아니면 뜬구름 잡는 답변을 할지 고민일 것
이다.

A. 맞습니다. 중국도 중요하지만, 굳이 구분하자면 미국과 일본이 더욱 중요합니다. (솔직한 답변)

B. 아닙니다. 중국은 한국에게 매우 중요한 이웃이며 국가별 우선순위는 없습니다. (거짓말)

C. 중국과 미국, 일본 모두 중요한 우방국가입니다. (뜬구름 답변)

D. 제가 답변할 사항은 아닌 것 같습니다. (거부)

네 가지 모두 바람직한 답변은 아니다. 너무 솔직하면 반대 입장의 국가로부터 공격을 받을 수 있고, 뜬구름을 잡거나 답변을 거부하면 성실하지 못한 인터뷰라는 비판에 직면할 것이다. 그렇다고 거짓말을 해선 더더욱 안 된다. 영원히 덮을 수 있는 거짓말은 존재하지 않고, 언젠가 발각되면 몇 배의 비용으로 갚아야 하기 때문이다.

- 입사하시면 우리 회사에서 최소 5년 이상 근무하실 수 있습니까?
- 귀사가 공급하는 제품에 발암물질이 포함된 원료를 사용했다는 보도를 봤는데 계속 거래해도 괜찮은 건가요?
- 귀사의 제품 이익률은 어떻게 되는지 알려 주실 수 있습니까?

난처한 질문에 대응하는 방법

협상 중에 종종 답변하기 난처한 질문을 받는다. 상대가 공격적으로 의도하고 물어볼 수도 있으나, 순수하게 정보를 얻기 위해서 던진 질문도 때론 답변하기 곤란하다. 회사의 이익에 어긋나는 기밀 정보를 알려 줄 수도 없고, 거짓말을 하자니 나중에 상대가 사실을 알게 되어 분노할까 걱정되고, 답변을 거부하자니 지금의 관계에 해가 될까 두렵다. 난처한 질문에 적절히 대응해 넘기면서 후폭풍도 피할 수 있는 세 가지 방법을 알아보자.

첫 번째, 질문에 답하지 말고 질문자의 걱정을 해결해야 한다. '예'와 '아니요'라는 직접적인 대답은 또 다른 질문이 꼬리를 물 것이고, 당황하면서 답변하다 보면 감정이 흔들려 정제되지 못한 답변을 하거나 주도권을 빼앗길 리스크가 있다. 왜 이런 질문을 하는지 생각해 질문자의 걱정을 해결해 주는 답변이 유용하다. 즉, '걱정 안 해도 될 거야'라는 메시지를 주는 것이다. "입사후 5년 이상 근무할 수 있냐"라는 질문에는 '신규입사자의 잦은 이직으로 업무의 연결이 어렵거나 채용에 에너지가 많이 소요된다'라는 걱정이 숨겨져 있을 수 있다. 확실하게 약속하는 것은 부담스럽지만 상대방의 걱정을 해결해 보자.

면접관 : 입사하시면 우리 회사에서 최소 5년 이상 근무하실 수 있습니까?

면접자 : 왜 5년인지 궁금하네요. 최근 신규입사자의 이직으로 힘드셨나 봅니다.

면접관 : 맞아요. 전임자가 입사한 지 1년도 안 되어 퇴직해서 또 뽑게 되기도 했고, 이번 채용에 공을 많이 들이기도 했습니다. 상무님 기대치가 높으셔서요.

면접자 : 그렇군요. 이해했습니다. 저야말로 5년이 아니라 10년 이상 근무하고 싶습니다. 그렇게 할 수 있도록 도와주시면 좋겠습니다.

발암물질이 포함된 원료를 사용했다면 거래해야 하나요?"라는 바이어의 질문에 제품을 섭취한 소비자의 건강, 그리고 잠재적으로 위험한 식품을 유통한 책임을 지게 될지도 모른다는 걱정이 포함되어 있다면 그 걱정을 해결해야 한다.

— 아스파탐은 세계보건기구 산하 국제암연구소(IARC)에서 안정성 평가를 2B군으로 분류했으며 여기에는 김치도 포함돼 있습니다. 다이어트 콜라 250ml 기준 하루에 55캔을 마셔야 1일 섭취 용량에 도달하는 미미한 수준입니다. 저희는 한국의 법규

를 준수하며 동시에 소비자의 건강을 우선으로 하는 정책을 이어 나갈 계획입니다.

굴절프레임을 활용한 답변

"중국의 경기부양책이 지지부진한 이유는 무엇인가?"

싱하이밍 주한중국대사는 2023년 8월 22일 〈매일경제〉와 진행한 인터뷰에서 위와 같은 불편한 질문에 대해서 다음과 같이 답변했다.

— 중국은 양질의 발전을 추구한다. 중국 정부는 최근 민영 경제 발전 촉진을 위한 28가지 조치와 외국 자본 투자 유치를 위한 24가지 조치 등 부양책을 내놓고 있다. 장기적인 관점에서 그 효과가 나타날 것으로 본다.

중국 경제 위기라는 시각에서 한 질문에 방어적으로 답변하거나 '우리나라의 경제 상황은 매우 좋다'라는 사실과 다른 답변을 하면 신뢰성에 문제가 생길 것이다. 싱하이밍 대사는 외교적인 언어를 구사하며 상대방 질문의 관점, 즉 경기를 평가하는 단기적인 시각 프레임을 장기적인 시각 프레임으로 굴절시켰다. '최근 1년간의 경기상황은 일시적인 문제일 뿐 장기적인 관점에서는 문제가 없으며 현 상황도 다양한 조치를 시행 중이라 걱정할 것이 없다'라는 메시지를 전달하며 기자의 불편한 질문을 피해 나갔다. 난처한 질문에 답변하는 두 번째 방법은 굴절프레이밍을 사용하는 것이다. 상대방이 사용하는 프레이밍을 굴절시켜 나에게 조금 더 유리한 프레이밍을 전환하는 방법이다. 커뮤니케이션의 핵심 원칙은 '내가 하고 싶은 말'을 전달하는 것이 아니라, '상대방이 들어야 할 메시지'를 전달하는 것이다. 불편한 질문의 단기프레임을 장기프레임으로 굴절시켜 '우리의 경제상황은 장기적 관점에서는 큰 문제없다'라는 메시지를 전달하며 중국을 향한 우려를 잠재우는 예시라 볼 수 있다.

앞선 대 중국 외교정책 관련 민감한 질문에 대해선 '외교정책' 프레임을 '양국의 교역 규모와 중국의 무역흑자' 프레임으로 굴절시켜 답변할 수 있을 것이다.

질문: 한국은 미국과 일본에 대한 외교관계에 집중하고 중국은 포기하는 것인가?

답변 : 중국은 한국에게 교역 규모가 미국과 일본보다 큰 중요한 경제협력국이며 중국에도 한국이 유사한 의미가 있을 것으로 생각한다. 지난 2022년에는 중국의 대 한국 무역수지흑자가 40억 달러에 이르기도 한 것처럼 앞으로도 한국과 중국은 서로에게 매우 중요한 경제적 협력의 동반자로서 경제를 비롯한 다양한 분야에서의 협력을 굳건하게 이어 갈 것이다.

민감한 질문을 피해가면서도 미·일에 치우친 외교정책 프레임을 '양국의 교역규모와 중국의 무역흑자' 프레임으로 굴절시켜 한국과 중국의 협력관계를 강조할 수 있을 것이다.

홍콩과학기술대(HKUST)의 브래드퍼드 비털리(T. Bradford Bitterly) 교수와 와튼스쿨의 모리스 슈바이처(Maurice Schweitzer) 교수가 공동으로 진행한 실험에서 굴절프레이밍에 대한 흥미로운 결과를 도출했다.

실험의 참가자들은 예술작품의 판매자와 구매자로 나뉘어 최근 사망한 짐 브라인(Jim Brine)의 작품에 대한 구매 협상을 하도록 역할을 부여받았다. 판매자가 잠재 구매자에게 "짐 브라인의 작품을 소유하고 있습니까?"라는 질문을 했을 때, 잠재 구매자는 여러 그룹으로 나눠 각각 다음과 같이 답변했다.

- 정직한 답변 : 몇 년 전에 경매에서 짐 브라인의 작품을 구매했습니다,

- 답변 거부 : 답변하고 싶지 않습니다,

- 거짓 답변 : 짐 브라인이 누군지 모릅니다. 벽난로 옆에 이 그림을 놓으면 좋겠다고 생각했습니다.

- 얼버무림 : 전 그림 잘 볼 줄 몰라요.

- 회피 : 이 도시에 며칠 머물 건데 다른 갤러리에도 좋은 작품들이 있더라고요.

- 굴절프레임 : 짐 브라인 작가요? 최근에 사망하지 않았나요?

실험에서 보고자 한 것은 두 가지였다.

첫 번째 연구 목적은 경제적 효과다. 잠재 구매자가 짐 브라인 작가의 작품을 이미 소유하고 있다면 같은 작가의 다른 작품을 구매하고자 하는 니즈가 더 크다. 따라서 이 사실을 판매자가 안다면 가격 협상에 어떤 영향을 미치는지 경제적 효과, 즉, 구매자가 얼마나 싸게 살 수 있는지 알아보았다.

두 번째 연구 목적은 구매자에 대한 호감과 신뢰의 정도를 알아보기 위함이다. 구매 협상이 완료된 이후에 판매자에게 '잠재 구매자가 짐 브라인의 컬렉션을 이미 소유하고 있다'라는 사실을 알려 준 뒤, 판매자가 잠재 구매자에 대해 얼마나 호감을 보

이고 신뢰하는지 알아보았다.

우선 정직하게 답변한 구매자는 판매자가 가장 신뢰하고 호감을 보였지만 가장 비싼 가격에 구매했다. 답변을 거부한 구매자는 가장 싸게 작품을 구매했지만, 호감과 신뢰 부분의 점수는 낮았다. 상대가 꺼낸 주제에서 벗어나지 않고 프레임을 굴절시킨 구매자의 답변은 결과적으로 정직한 답변보다 더 높은 경제적 효과를 얻었다. 즉, 더 낮은 가격에 구매했다. 또한 굴절 답변은 공개를 거부한 답변과 비교해 더 높은 신뢰와 호감지수를 얻었다. 굴절프레임의 답변이 경제적 효과와 신뢰 측면에서 가장 균형 잡힌 결과를 도출한 것이다.

굴절프레이밍, 또는 굴절질문이 효과적인 이유는 상대에게 불리한 정보를 노출하지 않으면서도 호감을 유지할 수 있기 때문이다. "짐 브라인의 작품을 가지고 계시나요?"라는 질문에 "지금 바로 가격을 제시하실 건가요?"라고 묻거나 "아 그 작가가 최근 사망한 분 맞죠?"라고 되물었을 때 판매자로선 '구매자가 더 많은 정보를 나에게 요구하는구나'라는 생각이 들어 관심도가 올라가는 것이다.

사람은 호기심을 가지고 질문하는 사람에게 관대하다. 이 굴절질문은 직설적인 질문에 유용하다. "우리가 왜 귀사와 계속 거래를 해야 하죠?"라는 공격적인 질문에 "우리가 거래를 시작한 지 몇 년 정도 되었는지 아십니까?"나 "우리가 거래를 중단해야만 하는 이유가 혹시 있으신가요?"라는 질문으로 직접적인 답변을 살짝 피해 가며 상대에게 역질문을 할 수 있다.

굴절질문 또는 굴절프레임을 활용하기 위해서 아무 연관 없는 질문을 하거나 동문서답을 해서는 안 된다. 상대방이 '나를 무시하나'라는 생각이 들어 감정을 자극할 수 있다. 대화의 주제는 유지하되, 약간의 굴절된 질문을 역으로 하며 주제를 변환한다. 그러기 위해선 난처한 질문을 예측하고 미리 답변을 준비해놓으면 유용하다. 때로는 약간의 유머를 섞을 수도 있다. 요즘은 삼가해야 하는 질문이지만 비털리 교수와 슈바이처 교수가 인용한 예시를 보자. 면접 인터뷰에서 "아이를 출산할 계획이 있습니까?"라는 질문에 "적어도 9개월 내에는 없습니다. 제가 알아야 하는 회사의 다른 기준이 있으십니까"라고 답변함으로써 대화를 약간 다른 주제로 피보팅(Pivoting)하거나 즐거운 분위기로 만들 수 있다.

비털리 교수와 슈바이처 교수가 추가로 진행한 실험의 결과 또한 흥미롭다. 거짓말을 한 그룹과 협상한 판매자를 상대로 협상이 끝난 뒤 신뢰와 호감지수를 평가하게 했다. 그런 다음 '짐 브라인의 작품을 소유하고 있다'라는 사실을 알려 주며 다시 평가했을 때 신뢰와 호감지수가 현저히 낮아졌고, "구매자와 다시 협상하고 싶지 않다"라는 답변을 했다. 거짓말을 한 그룹의 경제적인 효과는 굴절프레임의 경우보다 약간 높았으나 장기적으로는 오히려 크게 신뢰가 무너질 리스크가 있다는 결론이 도출되었다. 거짓 답변은 언제나 금물이다.

난처한 질문에는 조건을 붙여라

> **질문** : 귀사에서 공급하는 제품의 이윤이 어떻게 되는지 알려 주실 수 있습니까?
>
> **답변** : 저희 제품의 이윤이 궁금하시군요. 만약 귀사에서 저희 제품과 유사한 경쟁사의 공급조건을 알려 주신다면 저희도 알려 드릴 의향이 있습니다.

기밀 정보와 같이 답변하기 어려운 질문을 받았을 때 딜레마에 빠질 수 있다. 기밀을 알려 줘서도 안 되고, 답변을 거부하면 분위기가 어색해지거나 관계에 악영향을 미칠 수 있다. 단기적으로 위기를 모면하기 위해 거짓말을 할 수도 있다. 그러나 영원히 감출 수 있는 거짓말은 없기에 결국 더 큰 후폭풍에 직면할 수 있으니 거짓말은 해서는 안 된다. 직접적이며 대답하기 곤란한 질문에 대응하는 세 번째 방법은 조건을 붙여 교환하는 것이다. 답변하기 얼마나 어려운 질문을 상대방이 한 것인지 알려 주면서 동시에 조건부의 제안을 던져 질문을 철회하도록 유도하는 방법이다.

질문 : 저희 경쟁사에도 공급하시는 것 같은데 공급조건이 저희보다 더 좋은가요?

답변 : 지금 물량을 두 배 정도로 늘려 주신다면 가장 좋은 조건으로 공급해 드릴 수 있습니다.

협상은 교환의 과정이다. 덜 중요한 것을 내주고 더 중요한 것을 가져오는 교환의 연속이다. 교환의 과정인 협상 내내 유지해야 하는 기조는 상대의 기대치를 구조화하는 것이다. 답변하거나 양보할 때도 내가 내주는 것이 어렵게 마련한 것이라는 점을 강조하여, 상대방이 그 가치를 더 크게 느끼도록 해야 한다. 조건 없는 제안이 없듯이 조건 없는 답변도 협상에서는 없다.

부정적인 표현은 오래 남는다

한 가지 더 당부하자면 답변에서 부정적인 표현을 삼가야 한다. 협상뿐 아니라 미디어 인터뷰나 회사에서 많은 청중을 앞에 두고 답변할 때도 마찬가지다. 부정적인 표현이 뇌에 자리 잡으면 기억이 오래가기에 부정적인 이미지가 남을 가능성이 크다. 예전에 배운 미디어 트레이닝에서도 "저는 뇌물을 받지 않았습니다"라는 답변을 하면 '뇌물'이라는 연상 이미지를 생성할 수 있기에 "저희는 항상 법규준수를 최우선으로 삼고 있습니다"라고 답변하는 것이 더 긍정적인 이미지를 생성하는 데 도움을 준다고 했다. 이두형 정신건강의학과 전문의는 정신의학신문에서 "마음에는 빼기가 아닌 더하기만 가능하다"라고 했다. 부정적인 표현을 긍정적인 표현으로 바꿔 답변해야 하는 이유다.

난처한 질문에 바로 답하기보다 질문자의 걱정을 해결하고, 질문을 굴절시키거나, 공격적인 질문에 나의 조건을 붙여 역질문한다면 상대와의 관계에 해를 끼치지 않고 위기를 모면할 수 있을 것이다.

끝까지 그가 이겼다고 믿게 하라

23
—

최악을 피하게 해 주는
1미터의 규칙

바이어 : 저희는 현재 입장에서 더는 양보할 수 없습니다.

공급처 : 안타깝네요. 저희 측도 이미 많이 양보해서 추가 조정
은 어렵겠습니다.

협상이 결렬되기 일보 직전이다. 글로벌 반도체 부품기업과 대
기업 고객 간의 상황으로 바게닝 어레나(Bargaining Arena, 나의 한계
목표와 상대방의 한계 목표가 교차해 합의가 이뤄지는 구간으로 바게닝 어레나
없이는 합의할 수 없다)를 찾을 수 없고 양측의 입장 또한 팽팽해 합
의가 어려운 상황이다. 이럴 때 양측의 머릿속은 복잡할 것이다.

공급처 : 추가로 양보해 줘야 하나? 안 된다고 했는데 이미 양보

도 많이 해서 더 이상 여유가 없는데….

바이어 : 결렬되면 상사에겐 뭐라고 보고해야 하나? 다른 공급업체를 지금이라도 찾아야 할까? 시간이 많지 않은데….

1미터 규칙

협상이 결렬 직전일 때는 1미터 규칙(1Meter Rule)을 활용해 보자.

첫 번째 단계는 상대방을 개인과 팀, 그리고 회사로 나누어 1미터의 거리를 두자. 예를 들어 구매팀 과장을 개인으로 본다면, 구매팀을 팀으로 그리고 구매하는 회사로 나눠서 상대방이 각각 무엇을 원하는지, 우선순위가 무엇인지, 어떤 점을 꺼리는지 살펴보는 것이다.

구매팀 내에서 개인의 KPI(Key Performance Indicator)와 우선순위가 다를 수 있다. 구매팀 과장에게는 해당 제품을 최저가로 구매하는 것이 중요할 수 있지만, 구매팀장이 원하는 것은 이번 분기의 구매 단가 조정 금액의 목표를 달성하는 것이 더 중요할 수 있다. 더 낮은 단가를 얻고자 시간을 쓰는 것보다 특정 시간 안에 합의해 보고 싶을 수 있다는 뜻이다.

팀 레벨을 먼저 보면 구매팀과 공급처의 제품을 직접 사용하는 엔지니어링 부서의 KPI는 다를 수 없다. 구매팀은 내부 고객이 의뢰한 제품이나 서비스를 최적의 조건에 구매하는 것이 가장 중요하지만, 실제 사용부서인 엔지니어링 팀은 해당 제품을 적시에 사용하는 것이 가장 중요하다.

조직으로 보면, 즉 경영자 입장에서의 우선순위는 경쟁자보다 신제품을 먼저 도입하여 새로운 시장을 선점하는 것과 같은 상위레벨의 목표가 있을 것이다. 만약 해당 제품이 가격은 경쟁업체보다 상대적으로 높지만 제품 하자로 인한 리스크가 경쟁자보다 매우 낮다면 경영자 입장에서는 이 제품을 사야 할 이유가 가장 클 것이다.

1미터 규칙을 활용해서 엔지니어링팀의 카운터파트에게는 이렇게 말할 수 있다.

— 제품 재고는 준비가 되어 있는데 구매 단계에서 합의점을 찾기 어려워 시간이 지연되고 있습니다. 현재 재고가 여유가 없어 이번 주까지 계약이 완료되지 않으면 잠정적으로 확보해 놓은 재고가 다른 고객에게 넘어갈 가능성이 큽니다.

조직의 니즈를 건드리는 내용, 즉 경영자 입장에서의 우선순위를 건드리는 언급도 할 수 있다.

— 이번에 저희 제품이 귀사 생산라인에 설치되면 적어도 국내에서는 최초 도입이 될 텐데 최종합의가 늦어져서 선점의 기회를 경쟁사에 빼앗길까 봐 걱정입니다.

적시에 제품을 공급받아 활용하고 싶은 엔지니어링팀이 구매팀을 내부적으로 압박하여 공급처에 유리한 상황으로 흘러갈 수도 있다.

1미터 규칙의 두 번째 방법은 나 또한 내 회사와 1미터의 거리를 두는 것이다. 일반적으로는 협상팀이 회사로부터 위임받아서 협상 테이블로 가는 것이 바람직하다. 협상팀이 본사의 메시지를 상대에게 전달하고 상대팀 응답을 본사에 전달하는 메신저가 되는 것은 바람직하지 않다. 상대방이 우리 협상팀을 무시하며 상사와 직접 협상하려 들 수 있고, 실무를 잘 모르는 상사가 불리한 조건으로 합의할 리스크가 있기 때문이다. 다만, 협상이 결렬되기 직전의 상황에서는 나와 내 조직 사이에 약간의 거리를 두는 1미터의 규칙이 유용하다.

— 현재 재고가 충분하지 않은 상황입니다. 글로벌 본사에서도 무조건 가격 합의가 된 고객에게만 재고를 할당하라고 하는 바람

끝까지 그가 이겼다고 믿게 하라

에 여태 확보했던 재고를 다른 곳으로 넘기라는 지시를 받아서 저도 중간에서 난감합니다. 저도 어떻게든 돕고 싶은데 만약 이번 주까지 합의할 수 있다면, 다른 고객에게 가는 재고를 제가 책임지고 귀사로 배정받도록 해 보겠습니다. 가능하시겠습니까?

내가 나의 회사와 1미터의 거리를 둔다는 것은 상대방에게 그만큼 나아가는 것이고 상대 또한 나에게 1미터인 한 발만큼 다가올 확률이 높아진다. 회사 대 회사의 대화에서 개인 대 개인의 대화로 바뀐다면, 라포르가 작동하며 정보의 흐름 또한 더욱 원활해진다.

다음과 같이 노사 간의 협상에서 자주 쓰이는 문장을 비교해 보자.

노측 : 우리가 제시한 최소한의 요구 사항이 관철되지 않으면 내일부터 장외투쟁에 들어갈 것입니다.

노측 – 1미터 규칙 적용 : 우리가 제시한 최소한의 요구 사항이 관철되지 않으면 내일부터 장외투쟁에 돌입하자는 조합원들의 목소리를 더 이상 막기 어렵습니다. 많이 양보한 최소한의 요구 사항이니만큼 꼭 동의해 주셔서 양측 모두 불필요한 소모를 피했으면 좋겠습니다. 그럼 저도 돌아가서 최선을 다해 조합원을 설득해 보겠습니다.

사측 : 회사에선 지난번 제시한 조건에서 더 이상 양보할 수 없습니다.

사측 – 1미터 규칙 적용 : 회사에서 전례 없는 조건을 어렵게 만들어 제안했습니다. 추가적인 조건 수정은 더 이상 제가 승인받기 어렵습니다. 오늘 합의가 되지 않으면 지난번 제안마저 효력을 잃고 다시 원점으로 돌아갈 수도 있어서 매우 난감합니다.

두 문장 모두 협상의 조건은 같지만 1미터 규칙을 적용한 것이 합의하고자 하는 의지를 더 보여 준다. 내가 속한 팀에서 약간 거리를 두면서 상대에게 1미터 나아가면 나뿐만 아니라 상대방의 입장 또한 챙기는 인상을 줄 수 있게 되는 것이다.

협상의 가장 큰 성공 요인은 사람이다

필자가 주니어 시절 글로벌 식품회사에서 할인점 본부 담당으로 영업할 때 카운터파트였던 대형할인점 바이어는 공포 그 자체였다. 말 한마디로 제품의 입점과 프로모션 행사 및 진열 위치와 공간을 정하는 결정권을 가진 바이어는 항상 경쟁 유통사에서의 판촉 행사에 대해 큰 불만을 쏟아 냈다. 당시 경쟁 유통사 전단에 우리 제품의 프로모션이 실리면 여지없이 아침 일찍부터 전화해서 당장 들어오라고 소리를 지르기도 했다. 죄인처럼 앉아서 잔소리를 들어 봐야 해결책은 사실 없었다. 판촉 행사를 한 곳의 유통사와만 할 수도 없는 일이고 다른 유통사 또한 더 좋은 조건으로 판촉 행사를 하자며 공급처를 닦달하는 것은 같았다.

판촉 행사를 하지 않을 순 없고 누구나 최저가를 내세우는 입장에선 어느 한 고객의 입장을 들어주기 어렵다. 판촉 행사 내용을 조직 내부에서 동료들에게 알리지 않고 몰래 진행하기도 했지만, 문제를 해결하진 못했다. 다른 유통사에서의 판촉 행사가 공개될 때마다 바이어에게 불려 가는 반복되는 악몽과 같은 시간을 보내다가 우연히 담당 바이어로부터 솔직한 이야기를 듣게 되었다.

바이어 : 팀장님, 나도 우리만 판촉 행사를 할 수 없다는 건 알아요. 경쟁 유통사에 판촉하는 걸 막을 순 없죠. 그런데 내가 화나는 지점이 뭔지 아세요? 바로 우리 팀장님이 전단지를 들고 와서는 나보고 경쟁사의 프로모션 내용을 알고 있었냐고 물어

볼 때예요. 내가 몰랐다고 답변하면 엄청 혼나는 게 짜증 나거든요.

경력이 3년이 채 안 됐던 당시 나에게는 생각하지도 못했던 내용이었다. 바이어가 가장 피하고 싶은 상황은 경쟁 유통사에서의 판촉 행사 그 자체가 아니었다. 모든 판촉 행사를 막을 수 없다는 것은 그도 알고 있었다. 다만 바이어는 경쟁 유통 업체의 판촉 행사 정보를 미리 알지 못해 상사에게 질책받는 상황을 싫어했다.

이제 적어도 해결책 없는 문제로 고민하지는 않아도 된다. 바이어를 유통사 전체로 보지 않고 개인으로 보니 그의 고민이 눈에 들어오고, 해결책이 떠올랐다. 타 유통 업체의 판촉 행사 정보를 전단 배포 직전에 알려 주고 며칠 안에 시작할 수 있는 대응 행사를 제안했다. 상사로부터 질책을 듣지 않아도 되니 바이어가 반기기도 했지만, 나의 제안대로 행사 공간과 프로모션 내용에 흔쾌히 동의해 줬다.

바이어로선 경쟁 유통사의 행사 정보를 미리 듣고 대응 프로모션을 이미 기획했다고 상사에게 보고할 수 있게 되니 좋고, 나는 싫은 소리 듣지 않으며 대응 행사를 더 쉽게 얻어 낼 수 있으니 일석이조의 상황으로 급변하게 되었다. 팀 내 다른 유통사 담당에도 적용하여 우리 팀 모두가 바이어에게 질책받지 않고 평화로운 상황을 만들 수 있었다.

바이어가 회사를 대표하여 내는 목소리를 모두 들어줄 수는 없다. 하지만 사람으로서 이해하면 대응 방법을 찾기가 쉬워진다. 무엇이 그에게 기회가 될지, 위협이 될지, 어떤 부분을 꺼리는지, 관심이 있는지 등 정보에 따라 교착 상태에서 빠져나갈 아이디어를 생각해 낼 수 있다.

협상은 결국 사람이 하는 것이다. 스튜어트 다이아몬드 교수가 협상을 성공으로 이끄는 가장 큰 요인은 '사람'이라고 했듯이 팀과 조직으로 대하기 보다는 한 명의 사람으로 대하고 이해할 때 협상이 교착 상태의 터널에서 빠져나오는 길을 찾을 수 있을 것이다.

협상이 풀리지 않을 때는 나와 상대방 모두를 회사로부터 1미터만 거리를 두고, 조직이 아닌 사람으로 이해해 보자. 상대방도 딱 그만큼 다가올 것이고 보이지 않던 해결책이 떠오를 것이다.

24

끝까지 상대가
이겼다고 믿게 하라

바닷가 산지의 한 어촌계회센터에 문어를 사러 들렀다. 중자 크기의 살아 있는 문어를 가리키며 가격을 물었다.

> **상인** : 1.5kg이니까 4만 5,000원이네요.

어차피 해산물의 가격을 잘 모르는 나는 일단 좀 깎아보기로 했다.

> **나** : 사장님 4만 원에 해 주시면 안 될까요?
> **상인** : 그러세요.
> **나** : 아, 네….

돈을 내고 문어를 받아 돌아오는 길에 뭔가 찝찝한 마음이 들었다. 원하는 금액만큼 정확히 깎아 주셨는데 도대체 뭐가 문제일까? 5,000원을 할인받았지만 뭔가 불편한 마음이 든 이유는 '더 싸게 살 수 있었던 건가?' '내가 너무 할인가를 낮게 불렀나?'라는 마음이 들었기 때문이다.

Yes를 즉시 하면 안 되는 이유

"Do not snap their hand off."

21장에서 설명했듯이 상대방의 손을 채서 급하게 악수하지 말라는 의미로 상대방의 제안이 마음에 들더라도 즉각 수락하지 말라는 뜻이다. 상대의 제안에 무조건 수락하지 않아야 하는 두가지 이유가 있다.

첫 번째, 판매자로서 더 좋은 조건에 거래할 수 있는 기회를 포기하고 거래를 마무리해 버리는 것이고, 두 번째로 제안을 수락한 구매자가 자신을 패자(Loser)로 느끼게 하기 때문이다.

만약 회센터 사장님이 이렇게 반응했다면 어땠을까?

나 : 사장님 4만 원에 주시면 안 될까요?

상인 : 아이고 그렇게는 할인을 못 해드려요. 멍게 1만 원어치만 더 사시면 1만 5,000원어치 드릴게요.

그럼 나는 멍게까지 사고 5,000원어치 덤을 받든가 멍게 없이 문어만 사는 두 가지 선택지 중에서 문어만 사기로 해 보자.

나 : 사장님 멍게는 제 가족들이 못 먹어서 문어만 사려고 하는데 5,000원만 깎아 주시면 안 될까요?

상인 : 5,000원은 남는 게 없어서 어려운데… 아이고 그럼 4만 원에 가져가시고 내일 또 오셔야 해요.

나 : 네! 그럴게요. 감사합니다!!!

같은 조건에 합의했지만, 완전히 다른 기분을 느낄 것이다. 협상은 조건 이외에도 상대방과 대화를 통해 조율하는 것이기에 감정을 아주 배제할 수는 없다. 최종 합의가 되기까지 많은 단계를 거쳐 왔다. 협상 조건을 조율하며 열띤 논의를 수없이 했을 것이다. 탐색 과정에서 정보를 교환하고, 내부 승인을 거쳐 제안하거나 받고, 거절하거나 거절당한 뒤에 다시 탐색을 거쳐 리패키지 등의 역제안을 통해 최종 합의에 이를 때까지 많은 에너지를 이미 썼을 것이다. 모든 조건에 양측의 견해차가 없이 최종 합의에 이르게 되어도 아직 협상이 완전히 끝난 것이 아니다.

양측의 조건에 이견이 없이 합의됐다면 이제 소모된 감정을 추스르며 미래를 내다보는 시각으로의 전환이 필요하다. 즉, 염두에 둬야 하는 실행의 퀄리티에 영향을 미치는 요인은 상대방과의 지속 가능한 관계다.

지속 가능한 관계가 되려면 일단 상대방과 내가 모두 협상 조건에 대해 '편안한 상태(Comfort)'여야 한다. 내가 지지 않았으며 좋은 거래를 마무리했다고 느끼게 해야 한다. 그렇지 않으면 실행에 문제가 생기거나 다음 협상 때 상대가 공격적으로 나올 리스크가 있어 바람직하지 않다. 상대방이 이번 협상 결과에 만족하도록 해서 '편안함'을 갖게 하는 데는 두 가지 방법이 있다.

희소성과 기회

합의된 협상의 결과가 상대방에게 '희소성(Scarcity)'이 있다는 점을 강조해야 한다. 누구에게나 주는 혜택이 아니며, 얼마나 어렵게 만든 결과인지를 강조할수록 상대방은 '이번 협상 조건이 괜찮구나'라는 심리적 안정감을 가지게 된다. 시장에서 물건을 깎을 때 상점 주인이 '개시라서 깎아 주는 거야' '언니가 젊고 이뻐서 내가 특별히 이 가격에 주는 거야'라는 말은 사 가는 사람을 기분 좋게 만든다. 남들과 다른 특별한 대우를 받았다고 느끼도록 하는 것, 즉 상대방이 희소성 있는 조건으로 협상을 마무리한다고 느끼게 하는 것이다.

두 번째, 협상의 합의 내용을 잘 이행했을 때 상대방에게 어떤 이익이 있을지 알려 주는 것으로 관계를 재정립할 수 있다. 당장은 불리한 조건으로 합의했다 하더라도 미래에 상대방에게 발생할 수 있는 기회(Opportunity)를 언급하여 상대방이 만족스럽고 편안한 상태로 실행의 퀄리티를 높일 수 있도록 도와주는 역할을 한다. 상대방을 패자로 느끼게 만들면, 실행의 질이 낮아진다. 나아가 다음 기회에 상대방은 이번 협상에서의 손실을 메꾸려 시도할 것이다. 협상이 끝나면 실행이 남는다. 실행의 퀄리티를 담보하기 위해선 상대방의 마음을 챙겨야 한다.

> **공급자** : 그럼 최종적으로 10만 개 기준 4만 5,000원, 그리고 결제기일은 공급 다음 달 30일, 계약기간은 2년으로 합의하도록 하겠습니다.
>
> **구매자** : 그러시죠. 수고 많으셨습니다.

끝까지 그가 이겼다고 믿게 하라

공급자 : 합의는 했지만 아쉬움이 꽤 남긴 합니다. 수량도 반으로 줄고 공급가도 10% 이상 낮아져서 저희가 이익이 거의 없습니다. 사장님께 엄청나게 혼날 것 같네요.

이런 경우에 구매자가 전달해야 할 메시지는 '실행의 퀄리티'와 상대방이 '편안함'을 느낄 수 있는 내용이어야 한다. '우리랑 하는 걸 고마워하라'라는 메시지나, '그래도 남으니깐 이런 조건에도 거래하시는 거 아닌가요' 등의 메시지는 상대방을 패자로 인식하게 해 반드시 후폭풍이 따르는 부작용이 발생한다.

구매자 : 많이 양해해 주셔서 감사합니다. 저희도 복수의 공급후보자 중에서 어렵게 결정했습니다. 비슷한 공급조건이라면 귀사와 거래하는 것이 좋다는 의견을 전달하기도 했었습니다. 저희로서도 거래해 본 적이 없는 조건으로 합의해 드린 점 알아주셨으면 합니다. 저희에게 좋은 퀄리티의 제품과 서비스를 제공해 주신다는 전제로 앞으로 비즈니스 기회를 다양하게 더 찾아보겠습니다. 오랜 시간 논의하시느라 수고하셨습니다.

공급자 : 아, 네. 열심히 제품 준비하도록 하겠습니다. 감사합니다.

예전 미국계 제약회사의 컨슈머 헬스케어 사업부에서 근무할 때

자사가 가지고 있던 인지도가 높은 립밤 브랜드의 유통파트너로 대기업과 협상을 진행 중이었다. 글로벌 기업의 계약체계는 매우 복잡하고 수정이 유연하지 않아, 국내 대기업 입장에서는 양보해야 할 조항이 많아서 난항을 겪고 있었다. "계약 작업하면서 이렇게 양보를 많이 한 적은 없습니다"라며 계약 담당 변호사가 어려움을 토로할 정도였다. 수개월에 걸친 계약 협상으로 인해 나뿐만 아니라 파트너사의 임원과 변호사 또한 지쳐갔다. 그래도 필자는 내가 속한 조직을 대변하기도, 때로는 글로벌 본사와 1미터 정도의 거리를 두며 파트너사를 공감하기도 하면서 계약 작업을 마무리할 수 있었다. 계약서에 서명한 뒤에 파트너사의 임원과 변호사를 초대해 식사하며 다음과 같이 이야기했다.

— 그동안 수고 많이 하셨습니다. 계약조건을 논의하는 기간에 주고받은 논쟁은 뒤로 하고 이제 실행에 집중할 때라는 모드의 전환이 필요하다고 생각합니다. 이번 립밤 브랜드는 양사에서 앞으로 길게 이어질 파트너십의 시작일 뿐입니다. 립밤 제품의 규모는 귀사의 매출에서 큰 비중을 차지하긴 어려울 것이지만 카테고리 내에서 선두주자가 되도록 양사가 노력한다면 저희 글로벌 본사가 가지고 있는 메가브랜드가 한국에 론칭할 때 귀사가 최우선으로 고려되지 않겠습니까? 제가 아시아와 글로벌

본사에 귀사의 좋은 평판을 구축할 수 있도록 최선을 다할 테니 그럴 수 있도록 도와주십시오.

길었던 협상은 계약서에 서명하며 끝이 난다. 하지만 협상 내용을 이행하는 여정은 이제 시작일 뿐이다. 상대방을 패자로 만들지 않으며 지속 가능한 관계를 유지하여 실행의 퀄리티를 관리하는 것이 협상의 진정한 마지막 단계다.

끝까지 그가 이겼다고 믿게 하라. 당신은 협상의 목표만 달성하면 되지 않는가.

협상은 몸에 체득되는 암묵지다

미국과 유럽에서 협상 교육에 가지고 있는 니즈와 한국에서의 니즈에는 꽤 큰 차이가 있다.

유럽에서 통상적으로 진행하는 협상 교육은 참가자가 반복해서 실습하도록 구성되어 있지만, 한국에서는 대규모의 인원을 모아 협상전문가를 초대해 특강으로 진행하는 형태가 일반적이다. 이것은 협상에 대한 인식의 차이에서 기인한다. 한국에서 협상은 계약 협상, 수수료나 단가를 결정하는 과정이라고만 생각하는 인식이 있어, '나는 협상을 자주 하지 않는다'라고 여기는 경향이 있다. 하지만 협상은 매일 누구와도 하는 활동이다. 무엇을 먹을지, 음식값을 누가 낼지, 여행을 어디로 갈지, 프로젝트 이름을 무엇으로 결정할지 소소한 의사결정과 합의를 위해 우리는 이미 협상을 하고 있다. 원하는 바를 얻기 위해 상대와 조율하는 교환의 과정이 협상의 정의임을 생각하면 협상은 우리가 생각하는 것보다 훨씬 광범위하다.

두 가지 종류의 지식이 있다. 형식지(Explicit Knowledge)는 언어와 문자를 통해서 표현된 문서로 만들 수 있는 지식이다. 이케아에서 산 책장을 조립할 때 매뉴얼을 보면서 이해하고 따라 하면 조립을 완성할 수 있는 것과 같이 언어나 문서로 전달할 수 있다. 글자나 도식으로 구조화할 수 있으니 전파도 가능하다. 대표적인 형식지는 책으로 저자의 지식이 독자에게 전파된다. 그에 반해 암묵지(Tacit Knowledge)는 언어나 문자로 전달이나 설명이 어려운, 경험을 통해 몸에 체화된 지식이지만 누구에게 가르쳐 줄 수는 없다. 책을 읽는다고 피아노를 잘 칠 수 없듯이 시행착오를 겪으며 쌓은 경험을 통해서만 암묵지를 얻을 수 있다.

협상 능력은 암묵지일까, 형식지일까? 협상은 암묵지에 훨씬 가깝다. 협상의 이론과 구조는 형식지이나 협상 기술은 몸에 체득되어야 하는 암묵지다. 이론을 익힌다고 바로 실전의 협상 목표를 달성할 수 없다. 협상 이론을 공부하는 것과 관계없이 협상의 경험이 많을수록 협상에서 주도권을 가지고 우위를 점할 수 있는 것과 같다. 협상은 유기체(Continuum)이기 때문에 예측할 수 없다. 상대방이 어떻게 반응할지, 상대방이 가진 정보는 무엇인지, 상대방의 목표가 무엇인지 모르는 상태에서 어떤 포지션을 취해야 할지, 어떤 질문과 제안을 할지 즉각 결정해야 하는 경우가 많기 때문이다.

협상이 암묵지에 가까우니 이론 공부는 의미 없고 무조건 경험치가 쌓여야 한다고 생각할 수 있지만, 여전히 희망은 있다. 노루카 이쿠지로와 다케우치 히로타카가 공저로 쓴 《지식을 생산하는 회사》라는 책에서 내재화라는 개념을 이렇게 설명했다.

— 내재화는 '실습을 통한 학습(Learning by doing)'으로 개인이 지식을 받아들이고 적용하는 것을 말한다. 형식지는 개인 지식의 일부가 되며 조직의 자산이 된다. 내재화는 또한 지속적인 개

인 및 집단적 성찰의 과정이며, 연결을 보고 패턴을 인식하는 능력, 분야, 아이디어 및 개념을 이해하는 능력이다.

좋은 형식지를 쌓고, 배운 대로 경험해 보면 실습을 통한 학습 자산이 좋은 암묵지가 되는 내재화를 경험할 수 있다. 이 책이 독자 여러분이 협상 역량을 개발하는 여정의 시작점이 되어 좋은 형식지를 기르고, 배운 대로 실전에 사용해 좋은 암묵지를 쌓는데 일조하기를 바란다. 그래서 목표를 달성하는 협상 결과와 상대와 지속할 수 있는 관계를 만드는 데 작은 도움이 되기를 바란다.

참고문헌

《프레임 : 나를 바꾸는 심리학의 지혜》, 최인철, 21세기북스, 2007

《그로잉 업》, 홍성태, 북스톤, 2019

《질문의 7가지 힘(The 7 Powers Of Questions)》, 도로시 리즈(Dorothy Leeds), 더난출판사, 2002

《침묵의 언어(The Silent Language)》, 에드워드 홀(Edward T Hall), 한길사, 2013

《다양한 문화와의 협상(Negotiation Across Cultures)》, 폴 퍼만(Paul J Firman), 미국공군협상센터(Air Force Negotiation Center)

《스틱!》, 칩 히스(Chip Heat) · 댄 히스(Dan Heath), 웅진윙스, 2007

《어떻게 원하는 것을 얻는가(Getting More)》, 스튜어트 다이아몬드(Stuart Diamond), 세계사, 2017

《생각에 관한 생각(Thinking, Fast and Slow)》, 대니얼 카너먼(Daniel Kahneman), 김영사, 2018

케네스 토마스(Keneth Thomas) 교수와 랄프 킬만(Ralph Kilmann) 교수가 공동 개발한 토마스-킬만(Thomas Kilmann)의 갈등 해결 유형

'中경제 붕괴론, 30년전부터 서방이 제기 … 디플레 걱정 안 해', 2023년 8월 23일 〈매일경제〉, 싱하이밍 중국대사 인터뷰

Bitterly, T. B., & Schweitzer, M. E. (2020). The economic and interper-
    sonal consequences of deflecting direct questions. *Journal of
    Personality and Social Psychology*, 118(5), 945 – 990
《지식창조기업》, 노나카 이쿠지로 · 다케우치 히로타카, 세종서적, 2002
《침묵이라는 무기》, 코르넬리아 토프(Cornelia Topf), 가나출판사, 2019

상대의 감정을 흔드는 협상 고수의 심리술
끝까지 그가 이겼다고 믿게 하라

초판 1쇄 발행 2024년 01월 15일
초판 2쇄 발행 2024년 03월 25일
지은이 김의성
펴낸이 배민수, 이진영
기획·편집 밀리&셸리
마케팅 태리
펴낸곳 테라코타   **출판등록** 2023년 1월 13일 제2023-000019호
주소 서울특별시 강남구 남부순환로 2921, 164호
메일 terracotta_book@naver.com
인스타그램 @terracotta_book

ⓒ 김의성, 2024
ISBN : 979-11-93540-02-2(03320)
값 17,000원